KB270559

모비딕

Moby-Dick

허먼 멜빌

다락원 WILEY Publishers Since 1807

세계의 교양을 읽는다

고전을 왜 읽는가?

인간의 삶과 세상에 대한 영원한 물음이 있기 때문이다. 시대와 사상을 뛰어넘어 지금 여기 우리에게 필요한 물음이 없는 고전은 더이상 고전이 아니다. 인간과 삶에 대한 근원적인 물음 없이 고전을 읽는다면 자신과 인간에 대한 성찰과 지혜로 이어지지 않는다. 논술 시험 때문에, 과제물 때문에, 아니면 남들이 읽으니까, 나도 읽는다는 식이라면 그 책은 죽은 책일 수밖에 없다.

고전을 살아 있는 책으로 만드는 이 '물음!'에 답하기 위해서는 좋은 길잡이가 필요하다. 40년 이상 미국의 고교생과 대학 주니어들이 시험, 에세이 작성, 심층토론 준비를 위해 바이블처럼 애용해온 'CliffsNotes'와 'SPARKNOTES'는 바로 그런 좋은 길잡이의 표본이다. 이 두 시리즈가 원조 논술연구모임인 '일이관지(一以貫之)' 팀의 촌철살인적 해설을 곁들여 〈다락원 명작노트〉로 재탄생해 논술로 고민중인 대한민국 학생 여러분을 찾아간다.

CliffsNotes와 SPARKNOTES의 가장 큰 장점은 방대하고 난해한 고전을 Chapter별로 요약하고 분석해서 원전의 내용에 보다 쉽고 체계적으로 접근하는 신속·간편성이라고 할 수 있다. 여기에 '一以貫之'팀이 원전의 중요한 문제의식, 즉 근원적 '물음'은 무엇이며, 그 '물음'은 오늘날에도 여전히 유효한가, 라는 질문을 다시 던진다.

대입논술로 고민하고, 자칭 타칭의 고전이 넘쳐나는 오늘의 독서풍토에서 지적 정복이 긴박한 대한민국 학생들에게 감히 이 시리즈를 자신 있게 권한다.

一以貫之 논술연구모임 연구실장 이호곤

이 책의 활용법

CliffsNotes와 SPARKNOTES는 방대한 원작을 보다 쉽게 이해할 수 있도록 돕는 안내서입니다. 원작 이해를 돕기 위해 작가와 작품에 대한 배경지식, 그리고 매 장마다 간단한 '줄거리'와 '풀어보기'가 실려 있습니다. '줄거리'를 통해서는 원작의 내용을 명쾌하게 파악함으로써 독서의 즐거움을 느낄 수 있을 것입니다. '풀어보기'에는 원작에 담긴 문학적 경향, 등장인물의 심리상태, 시대상, 주제 등을 설명해 놓았습니다. 비판적 글읽기의 바탕이 되는 요소들이죠. 비판적 글읽기는 소설과 비소설 작품을 막론하고 책을 읽을 때 꼭 필요한 자질입니다.

그 밖에도 작품을 좀더 심오하게 분석할 수 있도록 '마무리 노트', 'Review' 등을 마련해 놓아 독자 여러분의 글읽기를 돕고 있습니다.

CliffsNotes에는 특히 관심을 갖고 읽어야 할 필수요소를 강조하기 위해 다음 네 가지 아이콘을 사용하고 있습니다.

* 〈 〉는 장편소설, 중편소설, 논픽션, 시집. " "는 수필집, 단편소설

❍ 일이관지(一以貫之) 논술노트

권말에는 一以貫之 논술팀에서 작성한 논술 노트가 실려 있습니다. 원작을 우리의 삶과 연계시켜 비판적 사고와 논리적 글쓰기의 방향을 제시합니다.

❍ 실전 연습문제

논술예제와 기출문제를 통해서는 원작을 바탕으로 출제 가능성이 높은 논점을 함께 숙고해 봅니다.

작가
노트

작가의 생애

어린 시절과 교육

허먼 멜빌 Herman Melville은 1819년 8월 1일, 8남매 중 셋째로 태어났다. 아버지 앨런 멜빌은 뉴욕에서 부유한 수입상이었다. 엄마 마리아 갠스부트는 독실한 종교인으로 올버니에서는 사회적 입지를 갖춘 가문 출신의 다소 비판적인 여인이었다. 앨런은 모피와 모자 사업이 실패하자 사업을 올버니로 옮겼지만 성공하지 못하고 파산해 정신이 온전치 못한 상태에서 1832년 세상을 떠났다. 가족들은 1837년 랜싱버그로 이사했다.

허먼은 어린 시절을 어렵게 보냈다. 일곱 살에 치른 성홍열로 인해 시력은 영구적으로 손상되었고, 아버지가 죽은 이후에는 교육을 제대로 받지 못할 정도로 가난했다. 그는 올버니에서 고전을 공부했고, 랜싱버그에서는 조사요원이 되기 위해 교육을 받기도 했지만 가족을 부양하기 위해 중단해야 했다. 약시에도 불구하고 닥치는 대로 독서에 열중했던 그는 20대 후반 들어 그의 눈으로 읽을 수 있는 큰 활자의 셰익스피어 본을 찾고서 무척 기뻐했다. 그러나 진정한 교육은 바다에서 이루어졌고, 멜빌은 작중인물 이슈마엘을 통해 "포경선은 나의 예일이자 하버드였다"고 말할 수 있었다.

바다에서의 삶과 결혼

점원과 교사로 일하던 멜빌은 1839년 상선 세인트 로렌스 호의 선실 급사로 고용되어 리버풀을 한 차례 왕복했으며, 돌아오자마자 다시 학생들을 가르쳤다. 그 후 뉴욕에서 일자리를 구하지 못하자 미시시피 강 증기선을 타고 여행을 했다. 1841년 1월, 케이프 혼(남미의 최남단) 항로를 통해 태평양과 마르키즈 군도로 가는 미국 포경선 아쿠시넷 호 선원으로 항해를 하면서 멜빌의 삶은 중요한 전환점을 맞았으나 1842년 여름, 열악한 선상 생활과 상급선원들의 학대를 피해 동료와 함께 배를 탈출했다. 누크히바 내륙에서 식인종들과 한 달 정도 생활했던 멜빌은 호주 포경선 루시 앤 호에 선원으로 합류했으나 엄격한 선상 훈련으로 고달픈 생활은 계속되었다. 1842년 9월 타히티에서는 다른 몇 명의 반항적인 선원들과 함께 명령불복종으로 투옥되었다. 몇 주 후 도망친 멜빌은 미국 포경선 찰스&헨리 호를 탔고 그 생활은 1843년 4월 하와이에서 해고되면서 끝이 났으며, 점원과 볼링장 핀 정리원으로 일을 했다. 이어 호놀룰루에서 해군에 입대한 그는 프리깃함 미합중국 호에 승선해 1844년 10월 보스턴에서 전역할 때까지 남미 여러 항구와 타이티, 마르키즈 등을 다시 찾았다.

나이 서른에 이르면서 안정을 찾은 멜빌은 매사추세츠 대법원 판사의 딸이자 누이 헬렌의 친구인 엘리자베스 리지

넵 쇼와 결혼했다. 그는 처가에서 빌린 돈을 밑천으로 매사추세츠에 농장을 구입해 애로헤드라고 불렀다. 근처에 나다니엘 호손이 살았는데, 멜빌보다 열다섯 살 위인 그는 그 해에 〈주홍 글씨〉를 출판했다. 두 사람은 친구가 되었다.

작품 활동

멜빌의 집필경력 대부분은 여행에서 영감을 받은 것으로 1846년 〈타이피 *Typee*〉의 출판과 함께 시작되었고, 곧바로 〈오무 *Omoo*〉(1847)를 내놓았다. 처음 두 작품에 대한 반응은 직업 작가로서 장래가 촉망된다고 믿겨질 정도로 고무적이었다. 당시 사람들은 한동안 그를 미국의 똑똑한 젊은 소설가 중 하나로 생각했다. 이 두 권의 책은 그가 남태평양에서 겪은 경험을 바탕으로 한 것이다. 〈타이피〉는 식인종과의 생활에 관한 것이고, 〈오무〉는 타이티에서의 경험을 쓴 것으로, 폴리네시아 생활에 대해 독특한 시각을 갖게 하는 매우 사실적인 모험담으로 비평적으로도 어느 정도 성공을 거두었다.

그러나 〈마디 *Mardi*〉(1849)는 화자가 포경선을 버릴 때는 분명히 사실주의로 시작하지만 환상으로 발전되면서 독자에게 거부를 당한다. 멜빌조차 그 작품을 '해도가 없는 항해'라고 불렀다. 멜빌은 〈레드번 *Redburn*〉(1849)에서 첫 두 권과 유사한 스타일로 돌아왔다. 이 작품은 부분적으로는 상선을 탄 '신사의 아들'의 자전적 회고담이다. 〈하얀 재킷 *White Jacket*〉은 상당 부분 미합중국 호에서 얻은 경험을 허구적으로 기술한 것이다. 화자는 사병의 관점에서 전함 생활의 폭력과 부당함을 폭로한다. 멜빌은 이 두 작품을 돈 때문에 썼다고 했지만 커다란 성공을 거두지는 못했다.

1851년에는 〈모비딕 *Moby-Dick*〉을 내놓았으나 몇몇 비평가만이 작품의 천재성을 인정했을 뿐이어서 멜빌은 소설가라는 직업에 대해 심각하게 고민했다. 〈피에르 *Pierre*〉(1852)는 내용이 막연하고 복잡했다. 어느 정도는 자전적인 이야기로, 엄격하게 정직성을 추구하지만 재난만 맞닥뜨리게 되는 젊은 작가를 다루고 있다. 좀더 성공적이었던 〈이스라엘 포터 *Israel Potter*〉(1855)는 외국에서 50년간 모험을 한 후 귀국한 독립전쟁 참전용사의 삶을 다룬 역사소설로, 처음에는 잡지 연재물로 출판되었다. 〈피아자 이야기 *Piazza Tales*〉(1856)에는 멜빌의 가장 훌륭한 작품 가운데 일부인 월스트리트의 가치를 고찰한 "서기 바틀비 Bartleby the Scrivener"와 암울한 분위기의 "베니토 세레노 선장 Benito Cereno"과 같이 비교적 짤막한 작품들, 그리고 갈라파고스 섬에 대해 철학적으로 조사한 "인칸타다스 The Encantadas"가 수록되어 있다. 미시시피 강 증기선에서 일어나는 불가해한 정체성의 문제와 자기기만을 다룬 〈사기꾼 *The Confidence-Man*〉(1857)은 마지막 소설 작품이었다. 특히 〈피아자 이야기〉의 성과에 몹시 좌절한 그는 집필로 가족을 부양하려는 노력을 포기했다.

실의에도 불구하고 멜빌은 부업으로 글 쓰는 일을 계속했다. 남북전쟁이 끝나갈 무렵에는 감동적인 시를 창작해서 하퍼스 뉴 먼슬리에 게재했고, 〈전쟁조각들 *Battle-Pieces*〉(1866)이라는 한 권의 책으로 출간했다. 산문 "보충 Supplement"은 남부 재통합기간 동안 승리한 북부 측의 예의를 요구하는 내용으로, 링컨이 지지했지만 실행하지는 못했던 견해다.

쇠퇴기에 접어든 여러 해 동안 멜빌은 직접 또는 후원자의 비용으로 3권을 출간했다. 〈클라렐 *Clarel*〉(1876)은 성지 순례를 바탕으로 쓴 장문의 시다. 그리고 〈존 마와 다른 선원들 *John Marr and Other Sailors*〉(1888)은 선원 멜빌의 삶을, 〈사소한 운문으로 된 티몰레온과 다른 모험 *Timoleon and Other Ventures in Minor Verse*〉(1891)의 일부는 여행을 바탕으로 한 시 모음집이다.

멜빌은 출판하지 못한 몇 편의 시와 가장 주목할 만한 작품 〈앞 돛대 망꾼 빌리 버드 *Billy Budd, Foretop-man*〉(1924)를 남겼고, 1891년 9월 28일 세상을 떠났다.

작품 노트

작품의 개요

토니 태너는 1998년 옥스퍼드 월드의 〈모비딕〉 고전판 '서문'에서 이 소설은 19세기 중엽의 미국에서만 쓸 수 있는 작품이라고 언급했다. 당시 서구세계에서 미국의 성공적인 지배력과 팽창하는 자신감은 새로운 고지 또는 새로운 경계에 서 있는 것 같았다. 미국은 멜빌 생전에 식민지 사회에서 나름의 역사와 신화를 가진 세계강국이 되었고, 기술에서도 굉장한 발전을 이루었다. 철도와 전보, 전화의 발달은 여행과 소통을 더욱 쉽게 만들었으며, 민주화가 신장되는 가운데 문학에서도 독자적인 목소리를 낼 준비가 갖추어졌다.

〈모비딕〉이 출판되었을 때만 해도 남북 전쟁의 끔찍한 파괴는 상상도 하지 못했다. 사실 켄터키 주 상원의원 헨리 클래이가 발의한 1850년 절충안이 노예 소유주들을 다른 곳(유타주와 뉴멕시코)에 살도록 허용하는 한편, 준주*였던 캘리포니아 주를 자유주로 인정함으로써 갈등을 효과적으로 11년간 늦추었다. 당시 미국은 번영을 구가하던 낙관적인 시기였다. 바로 이런 분위기에 비해 〈모비딕〉이 너무 어둡고 복잡했기 때문에 많은 독자들이 멀리했다고 몇몇 학자들은 말한다. 멜빌은 친구 나다니엘 호손에게 보낸 편지에서 독자를 찾는 어

---

* **준주**(準州): 주(州)의 자격을 얻지 못한 미국의 행정구역.

려움을 토로했다.

태녀가 말한 요점은 19세기 중엽의 미국은 '자신만의 서사시와 신화를 창조하는' 이상적인 장소이자 시기였다는 것이다. 〈모비딕〉이 그 분량과 상단한 수준의 문체, 국가적 · 문화적 의미의 영웅 또는 서사적인 반 영웅의 시련과 업적을 다루었다는 면에서 미국 최초의 위대한 사시(史詩)라는 주장이 있다.

하지만 그보다는 어쩌면 포경을 다룬 위대한 책의 출현 시기와 장소에 더 눈을 돌려야 할 듯하다. 찰스 올슨(〈난 이슈마엘이라고 해〉(1947), 〈모비딕의 현대 비평 해석〉 발췌)은 1846년 조업중이던 900척의 포경선 가운데 735척이 미국 배였다고 지적한다. 미국인들은 식민지 시대부터 고래잡이를 해 왔지만 1840년대에 절정을 이루었다. 매사추세츠 주의 낸터컷 섬과 뉴베드퍼드는 세계에서 가장 중요한 고래잡이 항구였고, 향유고래 기름만 매년 500만 갤런 이상 처리했다.

포경선 선원 생활을 했던 멜빌은 그 분야를 잘 알고 있었다. 따라서 조업 기간(2-3년), 선상 생활, 추격 보트의 수, 그 보트에 타는 선원들에 대해서도 세부적으로 정확하게 언급한다. 이를테면, 보통 보트 한 척에는 상급선원 한 명과 작살잡이 한 명, 네 명의 노 젓는 사람이 승선한다. 그리고 작가는 급료 지불방법과 선원들의 바닷가 생활 등을 묘사하는 가운데 희극적인 분위기 전환을 노렸다.

불과 몇 년 후에 등유가 값싼 램프 연료로 대중화되었고, 남획으로 고래 떼가 멸종 위기로 몰리기 시작했다. 소설의 105장에서 이슈마엘은 고래가 결코 미국의 버펄로만큼 없어지지는 않겠지만 광대한 대양에서 고래를 찾기가 너무 어려워질 것으로 생각한다. 그러나 겨우 몇 년 후에 그의 예측이 틀렸음이 입증되었고, 고래는 더더욱 위기에 처해지고 있다.

이 작품의 역사적 배경은 고래잡이에 대한 위대한 책의 창작과 더불어 어쩌면 미국 최초의 서사시 집필에 기여했다고 하겠다.

줄거리

화자는 미국 문학사에서 가장 기억에 남는 서언의 하나인 "난 이슈마엘이라고 해"로 시작한다. 맨해튼 출신의 관찰력이 예리한 젊은이는 상선을 타고 네 번이나 바다를 체험했지만 고래잡이의 모험을 동경한다. 춥고 우울한 12월의 어느 날 밤, 매사추세츠의 뉴베드퍼드에 있는 물기둥 여인숙에 도착한 그는 낯선 이와 침대를 같이 쓰기로 한다. 뒤늦게 돌아온 같은 침대를 쓸 폴리네시아인 작살잡이 퀴퀘그가 이슈마엘이 이불 속에 있는 것을 보고 깜짝 놀란다. 이슈마엘 역시 놀란다. 두 사람은 곧 친구가 되고, 역사적인 낸터컷 항구에서 함께 항해를 하기로 의기투합한다.

그들은 낸터컷에서 피쿼드 호에 고용되는데, 작살에 능한 퀴퀘그는 훌륭한 일꾼이다. 야망이 없는 이슈마엘은 일반 선원이 될 것이다. 이들은 선장 에이허브는 보지 못하지만 그에 대한 이야기는 듣는다. 한 선주에 의하면 그는 '당당하고 신을 공경하지 않는 신 같은 사람'(16장)으로 말수는 별로 없지만 속은 깊다고 한다. 그리고 식인종들과 같이 지내기도 했고 대학에도 다녔다. 일라이자라는 운명 예언자가 선창에서 이 두 친구를 붙잡고 에이허브와 같이 지내면 어려움이 따를 것이라고 넌지시 말한다. 크리스마스 날 아침 출항 직전에 이슈마엘이 안개 속에서 피쿼드 호에 승선하는 어두운 형체들을 보면서 신비는 더해진다.

상급선원들이 항해를 지시한다. 일등항해사 스타벅은 진지한 퀘이커교도이면서 훌륭한 지도자다. 이등항해사 스텁은 경박하지만 유능한 선원이다. 3등항해사 플래스크는 아둔하지만 능력은 있다. 어느 날 아침 뒷갑판에서 마침내 에이허브가 나타난다. 화자는 당당하고 위압적이며 뭔가에 사로잡힌 듯한 외모에 전율한다. 벼락에 맞아 생긴 것이라는 희끄무레한 흉터는 얼굴과 몸 전체에 걸쳐 있다고 한다. 에이허브는 무섭고 결단력 있는 모습이다. 잃어버린 다리 하나는 항유고래 턱뼈로 만든 의족이 대신하고 있다.

에이허브는 마침내 선원들을 모아놓고 고무적인 연설로 이 항해의 유일한 목적인 백경(白鯨) ― 눈처럼 하얀 머리를 가진 커다란 향유고래 모비딕―을 죽이는 일을 도와달라고 간청한다. 일등항해사 스타벅만이 권위가 넘치고 편집광적인 선장에게 저항한다. 그는 항해의 목적이 고래 기름을 모아서 집으로 안전하게 돌아가는 것이어야 한다고 거듭 주장하지만 결국은 의견을 굽히고 만다.

어두운 형체의 비밀은 모비딕을 만나기 훨씬 이전 첫 추격 항해를 하는 동안 풀린다. 에이허브가 페달라라는 늙은 동양인이 이끄는 자신의 보트 선원을 몰래 데려왔던 것이다. 페달라는 에이허브에 대해 묘한 영향력을 갖고 있는 불가사의한 인물이다. 후에 포획한 고래를 지키던 어느 날 밤, 페달라는 에이허브에게 그의 죽음을 예언한다.

죽을 병에 걸린 퀴퀘그는 카누 모양의 관을 배의 목수에게 주문한다. 모든 사람이 그를 포기하자, 살기로 작정한 그는 마침내 회복한다. 관은 그의 사물함으로 쓰다가 나중에는 뱃밥으로 틈을 틀어막고 단단히 고정시켜 구명부이가 된다. 퀴퀘그는 이 소설에서 영웅적으로 물에 빠진 사내 둘을 구하고, 그 관으로 세 번째 사람을 구한다.

이 소설에는 수많은 포경선 간의 교류, 즉 망망대해에서 두 척의 배가 갖는 '갬(사교적인 만남)'이 등장한다. 그동안 선원들은 서로를 방문하게 되는데, 선장들이 한 배에 승선하면 일등항해사들은 다른 배에 있게 된다. 그들은 신문과 우편을 교환하고, 고래 목격담이나 다른 소식들에 대해 이야기를 나눈다. 그러나 에이허브는 다른 배에 물어볼 것이 한 가지 질문—"백경을 보지 못했소?"—밖에는 없다. 어떤 이들은 보았다고 했다. 새뮤얼 엔더비 호의 선장은 거대한 해수(海獸)에게 한쪽 팔을 잃었다. 라헬 호도 모비딕을 본 적이 있었고, 선장의 아들이 타고 있던 보트가 실종되었다. 라헬 호 선장은 에이허브에게 수색을 도와달라고 청하지만 그는 단호하다. 지금 백경이 아주 가까이에 있으므로 일을 중단하고 도와줄 수 없다는 것이다.

에이허브가 맨 먼저 모비딕을 발견한다. 사흘 동안 선원들은 거대한 고래를 추격한다. 고래는 반복적으로 피쿼드 호의 보트들로 돌진해 부수고 페달라를 죽이는가 하면, 피쿼드 호를 침몰시키고 에이허브를 바다 속으로 끌고 가 죽음에 이르게 한다. 이슈마엘만 퀴퀘그의 관에 매달려 살아남는다. 그는 하루 밤낮을 물에 떠 있다가 라헬 호에 구출된다.

등장인물

이슈마엘 *Ishmael*   소설의 화자이자 예리한 관찰자. 에이허브에 대해 관심을 늦추지 않는 열린 마음을 가진 청년이지만 대부분의 선원들처럼 선장의 권위에 압도당한다.

에이허브 *Ahab*   '당당하고 신을 공경하지 않는 신 같은 사람'으로 뿌리 깊은 고정관념을 지녔다. 미국 문학사에서 가장 논란을 불러일으키는 인물 중 한 사람이며 그의 편집광적인 모비딕 사냥은 소설의 줄거리를 지배한다.

모비딕 *Moby-Dick*   거대한 향유고래. 바다 짐승을 초월하는 모습으로 인류와의 대결을 조장하는 듯이 보인다. 모비딕이 영원한 어떤 힘을 비유적으로 나타내는 것인지, 에이허브의 집착의 표상인지, 아니면 글자 그대로 고래에 불과한지에 대해 비평가들 사이에 논란이 분분하다.

퀴퀘그 *Queequeg*   폴리네시아인 작살잡이. 이슈마엘의 마음을 열고 결국에는 간접적으로 이슈마엘의 목숨을 구한다. 이 작품에서 우정이란 주제와 다양성의 가치에 중요성을 부여하는 인물이다.

매플 신부 *Father Mapple*   고래잡이 성당에서의 설교는 이 소설의 색채를 정한다. 요나의 이야기를 통해 전하는 메시지는 우리가 신에게 순종하는 것을 배우려면 자신의 욕구에 역행해야 한다는 것이다.

스타벅 *Starbuck*   피쿼드 호의 일등항해사. 에이허브가 백경에 집착하며 지휘하는 데 맞서는 유일한 인물이지만 결국에는 선장의 뜻에 따른다.

페달라 *Fedallah* 동양인으로 에이허브의 작살잡이이자 정신적 안내자. 에
이허브의 죽음에 대한 예언은 소설의 불길한 종말을 암시한다.

핍 *Pip* 고래를 사냥하는 동안 버려져 익사 지경에 이른 선실급사. 고통스런
통찰력을 발견해서 현실에 대해 이상한 견해를 갖게 되고 일시적으로
에이허브의 총애를 받는다.

일라이자 *Elijah* 소설의 어둡고 불가사의한 분위기를 설정하는 데 일조하는
수수께끼 같은 예언가. 성서의 선지자 '엘리야'와 같은 이름이다. 이
슈마엘에게 에이허브에게 일어날 법한 문제를 경고하고, 피쿼드 호에
몰래 승선한다.

스텁 *Stubb* 이등항해사. 자신을 아주 재치 있는 사람으로 생각하지만 요리
사 플리스를 다루는 모습은 재미있다기보다는 잔인하고 과격하다.

퍼스 *Perth* 배의 대장장이. 그의 이야기는 멜로드라마에 나타나는 지나친
감상과 뻔한 내용으로 이 작품과는 어울리지 않는 인물이라 하겠다.

가브리엘 *Gabriel* 예로보암 호에 탄 셰이커교도 예언가. 에이허브의 마지막
안식처를 예언한다.

빌대드 *Bildad* 위선적인 퀘이커교도. 이슈마엘의 임금에 관해 공동 선주와
주고받는 내용은 작가에게 풍자의 기회를 제공한다.

등장인물 관계도

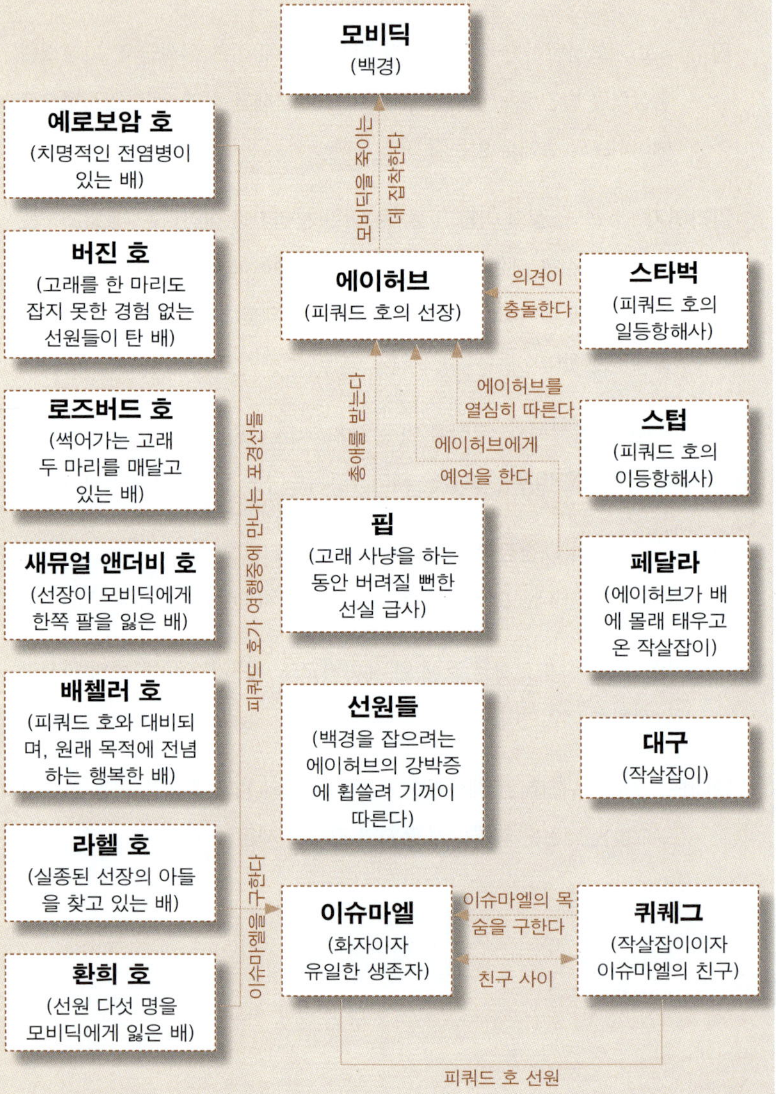

모비딕
(백경)

예로보암 호
(치명적인 전염병이
있는 배)

버진 호
(고래를 한 마리도
잡지 못한 경험 없는
선원들이 탄 배)

로즈버드 호
(썩어가는 고래
두 마리를 매달고
있는 배)

새뮤얼 앤더비 호
(선장이 모비딕에게
한쪽 팔을 잃은 배)

배첼러 호
(피쿼드 호와 대비되
며, 원래 목적에 전념
하는 행복한 배)

라헬 호
(실종된 선장의 아들
을 찾고 있는 배)

환희 호
(선원 다섯 명을
모비딕에게 잃은 배)

모비딕을 죽이는 데 집착한다

에이허브
(피쿼드 호의 선장)

의견이 충돌한다

스타벅
(피쿼드 호의
일등항해사)

에이허브를
열심히 따른다

스텁
(피쿼드 호의
이등항해사)

에이허브에게
예언을 한다

총애를 받는다

핍
(고래 사냥을 하는
동안 버려질 뻔한
선실 급사)

페달라
(에이허브가 배
에 몰래 태우고
온 작살잡이)

선원들
(백경을 잡으려는
에이허브의 강박증
에 휩쓸려 기꺼이
따른다)

대구
(작살잡이)

피쿼드 호가 여행중에 만나는 포경선들

이슈마엘을 구한다

이슈마엘
(화자이자
유일한 생존자)

이슈마엘의 목
숨을 구한다

친구 사이

퀴퀘그
(작살잡이이자
이슈마엘의 친구)

피쿼드 호 선원

Chapter별
정리
노트

Chapters 1, 2
아련히 떠오르다 │ 여행용 손가방

화자 이슈마엘이 바다 여행을 통해 정신을 고양시키려는 열망을 내보인다. 갈아입을 옷 한두 벌만 챙겨 고향 맨해튼을 떠난 그는 어느 추운 12월의 토요일 밤에 매사추세츠 주 뉴베드퍼드에 도착한다. 그곳에서 작은 배를 타고 역사적인 항구 낸터컷으로 가서 포경선에 취직할 작정이다. 불행히도 월요일까지는 낸터컷으로 가는 배가 없어 머물 만한 숙박시설을 찾다가 피터 코핀이 운영하는 물기둥 여인숙에 방을 잡는다.

인물 탐색 소설은 미국 문학에서 가장 유명한 첫 구절 중 하나인 "난 이슈마엘이라고 해"라는 말로 시작된다. 성경의 이슈마엘(창세기 16: 1-16, 21: 10)은 이복형제 이삭을 위해 고향에서 상속권을 박탈당하고 쫓겨난다. 이 이름은 화자가 인류(소설의 에필로그에서 마지막 말을 예시) 외에는 특별한 가족이 없고 추방당해 표류하는 사람임을 나타낸다. 이슈마엘이 승객으로는 결코 대양을 여행하지 않는 이유가 배 멀미나 어

떤 문제가 생기면 다른 사람들에게 기대게 되고 심지어는 통행권을 사야 하기 때문이라고 말할 때 독립적인 태도가 확연히 드러난다. 그는 선장이나 요리사 같은 특별한 직위도 추구하지 않는다. '모든 영광스럽고 존경할 만한 수고'를 하는 것이 싫고 자신을 돌보는 것만으로도 벅차기 때문이다. 이처럼 강한 1인칭 화자의 목소리로 인해 독자는 모비딕이나 에이허브뿐만 아니라 이슈마엘의 이야기도 등장할 것으로 기대한다. 또한 화자가 멜빌이 아니라 이슈마엘이라고 기억할 수 있다.

이슈마엘은 삶의 복합성을 받아들이는 화자다. 다른 사람들은 단순한 설명을 받아들일지 모르지만 이슈마엘은 그렇지 않다. 〈모비딕〉은 주로 화자를 통해 제시되는 심오하고 복잡한 의미를 다룬다. 무엇보다도 이슈마엘은 관찰자다. 그는 다른 사람들에게 책임질 일은 피하지만 친구들을 좋아하고 비천한 일을 꺼리지 않는다. "누구는 노예가 아닌가? 그렇잖아"라고 말할 정도다.

문체 탐색 서리가 내리고 바람 부는 12월 밤의 뉴베드퍼드는 불길한 분위기가 서려 있다. 컴컴하고 황량한 거리에는 사람의 왕래가 거의 없고, '묘지에서 움직이는 촛불처럼' 여기저기 어슴푸레 깜빡이는 불빛만이 있을 뿐이다. 이슈마엘은 혼자다. 그가 일종의 은신처로 발견하게 되는 여관의 이름은 포경산업을 떠올리게 하고, 주인의 이름 코핀(Coffin: 관)은 죽음을 암시한다. 이슈마엘이 두려움을 느끼는 것은 당연하다.

Chapter 3
물기둥 여인숙

　　여인숙에 들어선 이슈마엘은 크고 우중충한 유화에 매료된다. 그는 그림의 주제가 태풍 속에서 침몰해 가는 배의 돛대에 날뛰는 고래가 막 찔리려 하는 순간이라고 결론짓는다. 저녁을 먹고 난 후 개인 침대가 없어서 벤치에서 자기로 하지만 너무나 불편하다. 이슈마엘은 주인의 권유에 따라 어떤 작살잡이와 한 침대를 쓰기로 한다. 그는 남양에서 구한 약품 처리한 사람 머리를 팔려고 외출한 상태다. 걱정은 되지만 너무나 지친 이슈마엘은 잠자리에 든다. 졸고 있던 그는 무시무시한 식인종처럼 보이는 작살잡이 퀘퀘그가 돌아오자 깜짝 놀란다. 퀘퀘그 역시 침대에 누가 있는 것을 발견하고 놀란다. 생명의 위협을 느낀 이슈마엘은 필사적으로 주인에게 목청껏 도움을 청한다.

문학적 장치　폐기처분된 낡은 선박에 비유되는 여인숙에 들어가면서 불길한 분위기는 계속된다. 한동안 이슈마엘은 감조차 잡을 수 없는 그림자와 암흑을 혼합시켜 놓은 것 같은 '늪이 많고 축축하고 구질구질한' 형체가 불분명한 유화에 마음

을 빼앗긴다. 죽음이라는 주제를 살리고 나중에 벌어질 사건들을 암시하는 이 그림은 고래의 공격을 받아 침몰하는 배인 것 같다. 이슈마엘은 모험을 계속하면서 삶 자체를 포함해 여러 가지 문제에서 모호한 점을 발견할 것이다.

이날 밤 이슈마엘은 따뜻한 식사와 잘 곳 외에 다른 문제는 거의 해결하지 못한다. 고기와 경단으로 배를 채운 그는 불편한 벤치 대신 작살잡이와 한 침대를 쓰라는 주인의 제안을 받아들인다.

　　작살잡이 퀴퀘그의 등장은 우울하던 밤에 희극적인 요소를 제공하지만 이슈마엘과 퀴퀘그는 웃지 않는다. 자기 침대에 무단 침입자가 있는 것을 보고 놀란 문신투성이의 작살잡이는 이슈마엘을 죽이겠다고 위협한다. "제기랄 웬 놈이야!… 말 안 하면 나 너 죽여." 속절없이 식인종에게 곧 죽을 것 같은 느낌이 든 이슈마엘은 도와달라고 소리친다. 퀴퀘그가 해를 끼칠 만한 사람이 아니라고 믿는 여인숙 주인이 그 상황을 즐기며 사태를 해결하러 달려온다. 이슈마엘은 곧 작살잡이가 얌전하고 청결한 사람이라고 결론짓고 술 취한 기독교도보다 맨 정신의 식인종과 자는 것이 더 낫다고 생각한다. 이슈마엘이 이교도 퀴퀘그를 좋은 사람이라고 믿기 시작한 것이다.

Chapters 4-7
이불 | 아침식사 | 거리에서 | 성당

일요일 아침에 먼저 깨어난 이슈마엘은 퀴퀘그의 거대한 팔과 얼굴에 있는 다양한 문신을 찬찬히 뜯어본다. 화자는 침대를 같이 쓰게 된 친구가 어떤 이교도인지 궁금해 한다. 마침내 그 작살잡이가 움직이기 시작하자 사려 깊고 친절한 속내가 드러난다. 그는 이슈마엘이 개인적인 일을 볼 수 있도록 먼저 옷을 입고 방을 나간 것이다. 아침을 먹은 후 뉴베드퍼드를 돌아다니다가 고래잡이 예배당에서 발길을 멈춘 이슈마엘은 바다에서 죽은 사람들을 기리는 수많은 기념패를 보게 되고, 죽음과 불멸에 대해 생각한다. 그는 그곳 집회에서 퀴퀘그를 보고 조금 놀란다.

이슈마엘은 퀴퀘그의 영향을 받아 인류의 본성과 다양한 배경을 지닌 사람들에게서 발견되는 가치에 마음을 열고 있다. 처음에 이상한 작살잡이에 놀란 화자는 작살로 면도를 하고 아침식사 때는 아주 설익은 스테이크를 작살로 잡듯 하는 취향—심지어는 고래잡이에게조차 야만적으로 보일 수 있는 행동—에도 불구하고 퀴퀘그를 대다수의 사람들보다 더 개화된 사람이자 친구로 생각하기 시작한다. (멜빌이 살던 시대에는 '개화된' 사람은 고기를 완전히 익혀 먹었다. 그리고 접시가 건네지길 기다렸다.) 항구도시는 이슈마엘에게 다른 문화권 사람들을 관찰할 기회를 많이 제공한다. 세계 각지에서 모여든 선원들, 시골 주민, 심지어는 진짜 식인종까지. 그는 이 세계의 다양성을 즐기기 시작한다.

인물탐색 이슈마엘과 퀴퀘그의 발전적 관계는 작품의 비유적인 개념 형성에 중요하다. 이를테면 처음에 이슈마엘과 퀴퀘그는 본인들이나 다른 사람들에게 완전히 상반되는 인물—한 사람은 문명인, 다른 한 사람은 야만인—로 인식된다. 퀴퀘그는 검고 문신을 했으며 이슈마엘은 희다는 사실조차 그 '상반성'을 두드러지게 하는 듯이 보인다. 사실상 두 사내는 정신을 제외한 모든 면에서 상반된 사람이다. 그러나 피상적인 모습을 한 꺼풀 벗겨내면 본질적으로 같다는 것을 알게 된다. 둘 다 관대하고 점잖다. 서로 보탬이 되고 본질적으로 거친 환경에서도 신사적이다. 그들은 인간 속에 내재한 최상의 모습을 보여주는 보편적인 인물이며 나중에 밝혀지지만 에이허브는 갖지 못한 특징을 소유하고 있다. 가장 중요한 것은 이슈마엘과 퀴퀘그가 서로에게 애정과 책임감을 느낀다는 점이다. 이것은 소설의 끝에서 퀴퀘그가 이슈마엘을 구할 때 분명해진다. 에이허브는 백경 이외에는 사람이든 사물이든 아무런 관계가 없다. 더욱이 복수를 위해서라면 배에 탄 모든 사람의 생명을 포함해 그 무엇(피쿼드 호, 포획에서 얻은 수익, 선박 소유주와 선원들에 대한 의무)이든 기꺼이 희생시킬 것이다.

예배당에서 이슈마엘의 생각은 죽음과 인생에서 중요한 것이 무엇인가에 대한 의문—이를테면 사후의 삶—으로 향한다. 이 작은 예배당은 주로 고래잡이들을 위해 예배를 보기 때문에 바다에서 죽은 사람들을 기리는 수많은 위패(位牌)를 모셔놓고 있다. 이슈마엘은 자신의 운명을 생각하며 자신에게도 이들과 같은 운명이 닥칠 것인지가 궁금하다. 그러나 육체적인 자아가 결코 진정한 이슈마엘은 아니라고 결론지으면서 기분이 살아난다. 육체적 자아의 그림자인 정신이 진정한 실체다. 그는 우리 인간들의 시야가 현실에 한정된 해저에 있는 굴과 같다고 결론짓는다. 우리는 무엇이 중요한지 혼란스러워하고, 그런 마음가짐에서 설교를 기다리는 것이다.

Chapters 8, 9

설교단 | 설교

나이는 들었지만 활력이 넘치는 매플 신부는 바다에 떠 있는 보트에서 배에 오르기 위해 사용하는 것 같은 밧줄사다리로 설교단에 오른다. 젊은 시절 작살잡이였던 그는 설교를 하면서 예배참석자들을 '동료 선원'으로 언급하고 종종 뱃사람들의 이미지를 암시한다. 설교단 자체는 뱃머리처럼 생겼고, 뒤쪽 벽면에는 희망의 천사가 내려다보는 가운데 바위가 많은 연안 근처에서 폭풍우와 싸우며 나아가는 배 그림이 걸려 있다. 설교 교재는 구약 성서의 요나와 고래의 이야기인 요나서다.

문학적 장치 장소는 '고래잡이' 예배당이며, 그곳의 모든 것은 방문객들에게 바다에서의 삶과 죽음을 상기시킨다. 매플 신부는 선장이고, 예배자들은 선원이다. 그가 설교단에 올라서면 밧줄사다리를 거둔다. 상징적으로 자신을 당분간 세속적인 일로부터 차단시키는 것이다. 이런 모습은 피쿼드 호가 장애가 있고 분노에 찬 에이허브 선장과 다양한 선원들로 채워진

고립된 소우주(상징적인 작은 세계)로 변하는 모습을 예시한다고 하겠다.

주제 탐색 설교는 구약의 요나와 고래 이야기를 중심으로 펼쳐지며 자기이해를 초월함으로써 하느님께 봉사해야 한다는 것이 주제다. "우리가 하느님을 따르자면 자신을 이겨야 합니다. 거기에 하느님을 따르는 어려움이 있습니다." 이 주제는 소설이 진행되는 내내 계속된다. 독자는 에이허브와 관련해서 이 설교를 기억해야 한다. 에이허브는 여러 면에서 죄를 짓지만 결코 회개하지 않는다. 가장 큰 죄는 복수에 대한 욕망 말고는 모든 의무를 저버린다는 것이다. 독자는 책 앞부분에서 이슈마엘이 더 높은 권위를 섬기는 데 문제가 없다고 인정한 것을 기억할지 모르겠지만 에이허브에게는 문제가 있다. 요나는 하느님에 대한 책임을 회피하려 하지만 하느님이 지배하지 않는 곳은 없다는 것을 알게 된다. 바다에 폭풍우가 몰아치는 동안 물 속으로 던져진 요나를 고래가 삼켜버린다. 요나는 자신의 욕망을 초월해 하느님의 뜻에 복종할 때 구조된다. 매플에 의하면 그의 설교에는 두 가지 훌륭한 메시지가 있다. 첫째는 죄를 짓지 말라. 하지만 죄를 지으면 제대로 회개하라. 그리고 '야단스럽게 용서를 구할 것이 아니라 달게 벌을 받아라.' 두 번째, 더욱 두려운 메시지는 거짓에도 아랑곳 않고 진실을 설교한다는 것이다.

이 장은 물리적인 것과 형이상학적인 것, 세속적인 것

과 종교적인 것, 실질적인 것과 은유적인 것 사이의 관계를 공고히 한다. 요나의 이야기는 에이허브의 이야기와 나란히 우주 및 하느님과 인간의 관계를 나타낸다. 요나의 방식은 좀더 하느님이 중심이고 에이허브의 방식은 인간이 더 중심이다.

Chapters 10-12
흉금을 터놓는 친구 | 잠옷 | 살아온 이야기

이슈마엘이 성당에서 돌아와 방으로 가니 퀴퀘그가 작은 검둥이 인형 요조의 코를 깎고 있다. 몇 마디 정겨운 대화를 나눈 그들은 퀴퀘그의 파이프 담배를 나눠 피움으로써 우정을 다진다. 이슈마엘은 번제[*]의 제물을 요조에게 바치는 그 이교도의 의식에 참여하기도 한다. 화자는 황금율[**]의 비유로 자신의 행위를 정당화한다. 황금율이란 타인이 우리에게 바라는 대로 그들에게 하기를 촉구하는 것이다.(마태복음 7: 12) 퀴퀘그는 개인사를 이야기하고, 두 사람은 배도 함께 타기로 결정한다.

이슈마엘의 인성은 퀴퀘그에게 마음을 열면서 계속 발전한다. 그는 그 작살잡이가 기독교의 정의로는 이교도지만

---

[*] **번제**(燔祭): 짐승을 통째로 구워 제물로 바치는 제사. 구약 시대에 하느님께 올리던 제사 형식.

[**] **황금율**(Golden Rule): 그리스도의 윤리관을 가장 정확하게 표현한 말. "그러므로 무엇이든지 남에게 대접받고자 하는 대로 너희도 대접하라. 이것이 율법이요, 선지자니라.(마태복음 7: 12) 남에게 대접을 받고자 하는 대로 너희도 남에게 대접하라.(누가복음 6: 31)

범접하기 어려운 위엄과 선한 마음, 관대한 정신의 소유자라는 것을 알게 되며, 겉모습에도 불구하고 '영혼은 숨길 수 없다'고 결론짓는다.

퀴퀘그는 코코보코(로코보코라고도 함)의 원주민이다. 코코보코는 남태평양에 있는 섬으로, 그의 아버지는 왕이었으며 삼촌은 고위 제사장이었다. 이슈마엘은 혈통에 관계없이 그 친구가 고결한 정신의 소유자라는 것을 감지했다. "나는 대단히 무례한 죄를 지은 반면, 그는 너무도 정중하게 나를 배려하면서 대했다"는 것을 알아챘다. 퀴퀘그는 인종적이고 윤리적인 모든 특징의 종합체다. 즉, 그는 모든 인류의 상징이고, 그의 서명은 무한을 나타내는 상징이다.

두 사내는 퀴퀘그의 우상을 숭배하는 간단한 의식은 물론 그 작살잡이의 도끼파이프로 담배를 나눠 피우며 결속을 다진다. 어쨌거나 방금 퀴퀘그는 이슈마엘이 존중하는 기독교 예배에 다녀왔으므로 이슈마엘의 답례는 옳은 것 같다. 종교에 마음을 여는 것은 이슈마엘에게는 중요한 진척이며, 고향을 떠나 세상을 항해하고 기독교를 배우기 위해 퀴퀘그가 취했던 행동과 같은 것이다. 화자는 악이 이교도들 사이에서 만큼 기독교인들 사이에도 존재한다는 것을 그들이 발견하고 있다고 말한다. 이런 인식은 얼마간 미몽을 깨우는 동시에 시야를 확대시켜 편협한 사람들이 놓치고 있는 지혜로 이끌어준다.

Chapters 13-15
외바퀴 수레 | 낸터컷 | 잡탕찌개

　　월요일 아침, 두 친구는 물기둥 여인숙을 나와 외바퀴 수레에 소지품을 싣고 낸터컷으로 그들을 데려다줄 소형 정기 세로돛 범선인 모스 호로 발걸음을 재촉한다. 낸터컷에서 포경선에 취직할 생각인 것이다. 퀴퀘그는 문화적 차이를 드러내는 두 개의 일화를 떠올린다. 같은 배에 탄 몇몇 시골뜨기들이 퀴퀘그를 조롱하다가 하나는 혼쭐이 나지만, 이어 사고로 물에 빠지고, 이 거구의 작살잡이가 구한다. 어두워지고 나서야 낸터컷에 도착한 그들은 코핀 씨의 사촌 호시어 허시 부부가 주인인 여관 트라이포츠에 여장을 풀고, 맛 좋은 대합찌개와 대구찌개를 대접받는다.

　　이슈마엘은 계속 퀴퀘그의 재미있는 면을 알게 된다. 문화적인 차이가 두 사람의 통찰력을 넓혀준다. 외바퀴 수레를 본 퀴퀘그는 고향을 떠난 직후 비슷한 도구를 처음 경험했던 때를 떠올린다. 배에서 하숙집으로 소지품을 옮기려고 외바퀴 수레를 빌린 그는 짐을 싣고서 수레째 들고 부두로 가져가는 바람에 구경꾼들에게 재미를 선사했다. 고향 섬에서도 재미난 사건이 있었다. 그곳을 찾았던 상선의 백인 선장이 성수 사발을 손가락 씻는 그릇으로 잘못 알고 그 물에 손을 씻었던 것이다. 문화적인 실수는 상당부분 자신의 관점에서 비롯된다.

퀴퀘그의 인성적 깊이는 모스 호에서 일어난 사건에서 나타난다. 몇 명의 무식한 촌뜨기들이 등 뒤에서 그를 조롱하는데 특히 무례했던 한 친구가 붙잡히고 만다. 퀴퀘그는 그 시골뜨기를 공중으로 집어던지지만 부상을 입히지 않고 겁을 주는 정도로만 해서 바닥에 내려놓는다. 그 일로 선장이 퀴퀘그를 질책할 때 그 시골뜨기가 흔들리는 돛 아래 활대에 부딪혀 배 밖으로 떨어지고, 퀴퀘그만이 얼음 같은 물 속으로 뛰어들어 그를 구한다. 이처럼 극적인 방식으로 멜빌은 소위 '개화된' 문화와 '야만적인' 문화의 산물을 대비시키는데, 물론 우위는 이교도에게 있다. 어떤 상황에서도 퀴퀘그는 훌륭한 사람이다.

Chapter 16

배

화요일 아침, 퀴퀘그는 이슈마엘을 놀라게 한다. 작은 우상 요조가 그들이 승선하게 될 포경선을 이슈마엘이 골라야 한다고 알려주었다는 것이다. 몇 척의 배를 살핀 화자는 피쿼드 호를 선택해 공동 선주인 필레그, 빌대드와 고용기간 및 임금에 대해 협상을 벌인다. 선주들은 이슈마엘과 계약내용을 결정하지만 퀴퀘그를 고용하는 데 더 열의를 보인다. 퀴퀘그가 노련한 작살잡이이기 때문이다. 이번 항해를 책임질 선장 에이허브는 만나지 못하지만 어떤 사람인지는 간단히 묘사된다.

문학적 장치 〈모비딕〉은 심오하고 어두우며 진지한 소설로 여겨지지만 순간순간 재미난 유머와 풍자도 있다. 그 한 예가 16장이다. 이슈마엘이 배를 고르는 일에 부적합하다고 느끼는 것은 당연하다. 고래잡이를 경험한 사람은 퀴퀘그이기 때문이다. 하지만 그는 요조의 권위를 희극적으로 받아들여 선창가로 향한다. 색다르고 품위가 있으며 어쩐지 음울하지만 이 모

든 것이 이슈마엘에게는 장점으로 보이는 자그마한 피쿼드 호
(멸종한 매사추세츠 인디언 종족의 이름)를 고른다.

멜빌은 이슈마엘의 임금 협상을 즐긴다. 항해에 정해
진 급료는 없다. 선원들은 각자 '배당'이라고 부르는 어획량
에 따른 수익의 일부를 받기로 하고 고용된다. 포경선은 처음
이지만 화자는 네 차례나 상선을 타고 바다에 다녀온 경험이
있어서 275분의 1의 배당—이슈마엘의 계산상 대략 옷값 정
도—과 함께 배에서 음식과 숙박을 제공하는 대우를 기대하
고 있다. 위선적인 퀘이커교도 빌대드는 이슈마엘에게 지상에
자신을 위해 보물을 쌓아두는 사람들에게 경고를 보내는 성경
구절(마태복음 6: 19-21)을 상기시키면서 777분의 1이면 충
분하다고 생각한다. 필레그가 중재에 나서 300분의 1로 정해
진다. 위선자 빌대드에 대한 세밀한 풍자는 기독교에 대한 멜
빌의 이중적인 견해와 일치한다. 멜빌은 기독교가 경건하게
실천될 때는 존경하지만 그렇지 못할 때는 비난한다. 빌대드
는 이슈마엘의 영혼을 몹시 걱정하고 불결한 돈에 타락하지
않기를 바라는 척하지만 자신을 위해 보물을 쌓는 것은 꺼리
지 않는다.

에이허브를 둘러싸고 있는 신비한 기운은 그의 부재
(不在)로 암시되고 간단한 묘사를 통해 강해진다. 필레
그에 의하면, 그는 '당당하고 신을 공경하지 않는 신 같은 사
람'이다. 말수는 적지만 의중이 깊은 사람으로 '대학에도 다닌

적이 있고 식인종 소굴에도 들어갔으며', 최근 항해에서 '죽일 놈의 고래'에게 다리 하나를 잃었다. '아세라 목상도 만들고 그보다 더한 짓을 하여, 이전의 어떤 이스라엘 임금보다도 하느님의 분노를 돋우었던' 성경의 에이허브(아합. 열왕기 상 16: 33)에 대한 언급은, 여호와(신)를 거짓 신 바알이라고 비난했던 인물이 에이허브였기 때문에 진지한 영적 투쟁을 예시한다. 이 모든 것은 이야기가 전개되면서 발전한다.

Chapters 17-20
라마단 | 서명 | 예언자 | 전원 기동(起動)

그날 저녁 이슈마엘은 퀴퀘그가 일몰 때까지 단식(라마단 형식)을 하기 때문에 어두워지고 나서야 방으로 돌아온다. 문은 안으로 잠겨 있다. 여주인과 이슈마엘이 걱정스러워한다. 이슈마엘이 자물쇠를 부수고 문을 연다. 퀴퀘그는 무사하지만 종교적 무아지경은 새벽까지 계속된다. 그날 퀴퀘그는 피쿼드 호와 계약한다. 배에서 나오자마자 일라이자라는 남루한 차림의 운명 예언자가 접근하여 에이허브와 관련된 심각한 문제에 대해 말을 한다. 이슈마엘은 그를 '순'사기꾼이라고 판단한다. 배는 필요한 물건들을 싣고 긴 항해를 준비한다.

이슈마엘은 타인의 종교를 이해하려고 하지만 건강을 위협하는 극단적 광신주의는 받아들이기가 어렵고, 라마단과 기독교의 사순절에는 똑같이 반대한다. 그는 정신과 육체는 모두 건강한 소화력을 바탕으로 성장하는데, 단식은 육신과 정신을 모두 굶기는 짓이라고 주장하고, 지옥이란 '먼저 소화되지 않은 사과 경단에서 비롯된 관념'이라고 결론을 내린다. 그러나 그의 얘기는 퀴퀘그에게는 쇠귀에 경 읽기다. 퀴퀘그는 아버지의 전사들이 어느 날 오후에 50명의 적들을 죽여 저녁까지 바비큐를 해서 먹어치울 때 단 한 번 소화불량이 있었을 뿐이라고 말해 이슈마엘을 놀리는 것 같다.

종교라는 주제는 피쿼드 호의 선주들이 '쿼호그'(대합의 일종)라고 부르는 퀴퀘그가 자기들의 배에 타려면 기독교도여야 한다고 주장하면서 계속된다. 이슈마엘은 친구의 진정한 영성과 인간성을 가리켜, 퀴퀘그는 '신을 경배하는 이 세상의 위대하고 영원한 제일교회'의 교인이라고 주장한다. 선주들은 이슈마엘의 '설교'를 호의적으로 받아들이지만 퀴퀘그가 작살 솜씨를 선보이자 더욱 감동을 받고 90분의 1 배당으로 고용한다.

남루한 운명 예언자 일라이자의 경고를 위선이나 정신적 열정에 대한 왜곡으로 무시하는 것은 당연한 일이다. 이슈마엘도 일라이자의 경고를 그런 식으로 치부하려 한다. 그러나 이 낯선 자에게는 사기만은 아닌 부분이 있다. 그는 에이허브를 '천둥 영감'이라고 부르고 그에 대해 많이 아는 듯이 스페인 사람과의 결사적인 싸움이나 다리를 잃은 것을 포함해 과거에 있었던 선장의 여러 가지 불가사의한 일들을 말한다. 이슈마엘과 퀴퀘그는 머지않아 그로부터 더 많은 이야기를 듣게 될 것이다.

Chapters 21-23
승선 | 즐거운 성탄절 | 바람 부는 쪽 해안

피쿼드 호는 성탄절에 출항할 예정이다. 동트기 전 잿빛 안개 속에서 배로 다가가던 퀴퀘그와 이슈마엘은 앞에서 뭔가가 배에 오르는 것을 봤다는 생각이 든다. 뒤에서 갑자기 나타난 일라이자가 누군가 배에 타는 것을 보았느냐고 묻는다. 이슈마엘이 너댓 명의 남자를 본 것 같다고 하자 일라이자는 배에서 찾아보라며 부추긴다. 그러나 이슈마엘은 찾아내지 못한다. 에이허브도 보이지 않지만 한 선원에게서 선장이 밤사이에 승선했다는 말을 듣게 된다. 필레그와 빌대드는 배의 출항을 돕고 육지로 돌아온다.

문체 탐색 피쿼드 호를 둘러싼 신비로움은 에이허브도 보이지 않고 배에 오르는 정체불명의 인물들로 인해 더해진다. 일라이자는 먼저 대화를 청하더니 암시만 살짝 주는 식의 은밀한 말로 이슈마엘을 우롱한다. 그의 작별은 상징적이다. "난 자네에게 경고를 해주려고 했었네만 절대 신경 쓰진 말게. 신

경 쓰지 말아. … 우리 당분간은 못 만나겠군. 대배심 앞에서
가 아니라면 말일세." 이 말은 항해를 하는 동안 살해나 폭동
의 가능성을 뚜렷하게 암시하고 있다. 진리의 예언자 성서의

엘리야처럼 〈모비딕〉의 일라이자 또한 진실을 말하지만 이슈마엘과 독자들이 그 진의를 궁금해 하게끔 만든다. 여행에 대해 알면 알수록 혹은 모르면 모를수록 이슈마엘의 의혹은 늘어만 간다. 이 예민한 관찰자는 이상한 상황을 인식하면서도 여전히 포경의 모험은 포기하지 않기로 결심한다.

배에 머물고는 싶지만 육지에서 할 일이 있는 듯이 행동하는 노련한 뱃사람 필레그와 빌대드의 등장으로 분위기는 밝아진다. 일등항해사 스타벅이 잠시 나타나는데, 에이허브의 부재시에 유능하게 항해를 책임지는 확고한 영향력을 지닌 사람인 것 같다.

Chapters 24, 25
변호 | 추신

이슈마엘은 포경산업과 고래의 위엄에 대해 옹호하려고 이야기를 중단한다. 그는 포경업이 경제에 상당한 이익을 가져오는 깨끗하고 정직한 일이라고 주장한다. 고래잡이들은 탐험을 통해 지구에 대한 우리의 이해를 확대시켰고, 고래는 세계 문학에 중요하다. 심지어 왕과 여왕조차 대관식에서 고래 기름에 의존한다.

이것은 이슈마엘이 고래학(고래에 대한 연구), 포경산업, 혹은 고래의 명성에 대한 관점을 논하기 위해 이야기의 흐름을 중단시키는 40여개 장 가운데 첫 장이다. 현대 독자들은 그가 이렇게 하는 이유를 궁금해 하는 것이 당연하다. 첫째, 이슈마엘은 앞서 고래와 포경업에 대해 더 많이 알기 위해 바다로 나가는 것이라고 말했다. 그는 이것이 가치 있는 주제로 자리 잡기를 바란다. 이는 소설이 진행되는 내내 욥기나 요나서와 같은 성서의 출처를 언급하는 이유로, 고래의 명성을 높여준다. 이슈마엘은 고래의 지위를 더욱 높이려고 영국에서 덴마크의 정복을 끝냈고 영국의 문화를 향상시켰으며, 이슈마엘의 주장에 의하면 고래에 대해 글을 썼던 알프레드 대왕(웨섹스의 왕, A.D. 849-899)을 언급한다. 게다가 멜빌은 고래학에 관한 글을 현실에 근거하고 있다. 이로 인해 소설이 사실이라는 착각을 불러일으키고, 독자들에게 이런 사건들이 일어날 수도 있다는 것을 납득시킨다.

문체 탐색 끝으로, 독자는 화자가 즐기고 있다는 것을 알아야 한다. 고래학에 대한 장들 대부분은 단조롭고 메마른 설명으로 이어지지 않는다. 어조는 편안하고 심지어는 어이없는 때도 있다. '추신' 장에서 이슈마엘은 포경산업이 왕족에게 '대관식 용품'을 제공한다고 주장한다. 새 왕이나 여왕을 옹립할 때 고래 기름을 사용하기 때문이다. "당신 고상한 영국인들이여, 그것을 생각해 보라!"고 바로 미국인 이슈마엘은 말한다.

그는 배심원에게 말하는 정식 논객이나 변호사처럼 주장하지만 정보와 재미를 제공하는 것이 목표다. 1850년대 멜빌의 독자들은 더 인내심이 있었다는 것을 염두에 두어야 할지도 모르겠다. 그들은 우리보다 집중하는 시간이 더 길었다는 것은 거의 확실하다. 양서(良書)는 겨우내 읽었을지도 모를 일이고, 이슈마엘의 재치는 반가운 휴식을 제공했을 것이다.

Chapters 26, 27
기사와 종자(從者)

이슈마엘은 에이허브 이하 직위별로 몇 명의 선원들을 소개한다. 일등항해사는 아버지와 형이 고래를 잡다 사고로 죽은 서른 살의 퀘이커교도 스타벅이다. 이등항해사는 스텁이다. '명랑하고 싹싹하며 덤벙거리는' 성격으로 깨어 있을 때는 입에 파이프를 달고 다닌다. 3등항해사 플래스크는 작달막하지만 늠름하며 얼굴이 불그스레하다. 고래를 추적할 때는 각자 보트를 지휘하고 작살을 잡게 될 것이다. 나머지 선원은 세계 여러 곳을 대표하는 매우 다양한 인종이 뒤섞여 있다.

문학적 장지 멜빌의 일관된 문학 도구 가운데 하나는 대비다. 여기서는 인물을 구별하기 위해 쓰인다. 일등항해사는 독실한 퀘이커교도이며, 피쿼드 호의 공동 선주 빌대드처럼 위선적이지 않다. 그는 조용하고 신뢰할 만하며 한결같고 용맹스러우며 위험에 대한 경건함과 두려움으로 용기를 조절한다. 소설이 진행되면서 스타벅은 에이허브와 현격하게 대비된다.

에이허브는 불안정하고 집착이 강하며 때로는 거칠게 화를 내고 불경스럽다. 작살잡이 선발에 우선권을 가진 스타벅이 퀴퀘그를 데려간다.

　한편으로 스텁과 플래스크는 서로, 그리고 이 두 사람과 스타벅이 대비된다. 이등항해사 스텁은 태평하다 못해 부주의하다. 유쾌한 농담을 좋아하고 무신경하거나 기만적일 수 있지만 믿음직한 뱃사람이다. 인디언계 미국인 태슈테고가 그의 작살잡이가 될 것이다. 3등항해사 플래스크는 땅딸막하고 매력적이지 않다. (반면 스타벅은 크고 잘생겼다.) 더 중요한 사실은 스타벅은 가지고 있는 지성과 고결한 품성이 부족하다는 것이다. 반면 스타벅은 뱃사람으로는 적임자이지만 스텁과 같은 상상력과 유머가 없다. 고래를 원수로 생각하는 플래스크는 고래를 생계수단으로만 보는 스타벅과 대조를 이루면서 에이허브의 보다 복잡한 증오를 예감케 한다. 플래스크의 작살잡이는 거대한 아프리카 원주민 대구가 될 것이다. 작살잡이들은 모두 배에서의 입지로 인해 특히 긍지가 높다.

　지구 여러 곳을 대표하는 선원들을 싣고 다니는 피쿼드호는 우리 행성의 소우주 역할을 한다. 이슈마엘은 많은 선원들이 무식하고 사악하다고까지 보면서도 각자 특별한 용기와 위엄, 서민적인 기품이 있다는 사실을 인정한다. 그들 대부분은 틀에 박힌 모습을 하고 있지 않으며, 현실 세계의 사람들과 마찬가지로 그들의 미덕도 악덕과 대비를 이룬다.

Chapter 28

에이허브

피쿼드 호가 바다로 나온 지 며칠 후 마침내 에이허브가 모습을 드러 낸다. 이슈마엘은 배가 남쪽으로 항해를 하니까 좀더 따뜻한 곳에 올 때 까지 그냥 기다렸던 것이라고 확신한다. 그는 상징적인 방식으로 선장을 묘사한다. 그날 아침부터 에이허브를 더 많이 보게 된다.

문학적 장치 멜빌은 소설에서 불확실성이나 기대 분위기를 발전시 키기 위해 긴장을 효과적으로 이용한다. 에이허브와 피 쿼드 호의 항해를 둘러싼 신비는 에이허브의 부재로 날마다 증폭된다. 이슈마엘은 일라이자의 '악마적인' 말 때문에 선장 에 대한 궁금증이 머리에서 떠나지 않아 당번 때마다 그가 거 처하는 배의 후미를 눈여겨본다. 선장이 보이지 않자 불길한 느낌이 더해가는 것이다.

문체 탐색 어느 날 아침, 마침내 뒤쪽 갑판에 서 있는 에이허브를 보게 되자 '불길한 일이 생길 것 같은 전율'이 이슈마엘을 덮친다. 이슈마엘은 에이허브의 신비함을 더해 주는 상징적인 말로 그를 효과적으로 묘사한다. 독자가 처음 접하게 되는 선장의 모습은 아픈 사람 같지는 않지만 '불길에 사지가 완전히 타지 않은 상태로 화형대에서 도망쳐 나온 사람 같다'고 한다. 다음은 에이허브가 견고한 청동상처럼 보인다며, 참나무나 다른 거대한 나무에 비유한다. 그리고 '납빛의 희끄므레한' 흉터가 머리 꼭대기에서부터 얼굴과 목으로 이어져 옷 속으로 자취를 감추고 있다. 그 상처는 벼락을 맞은 자국에 비유되고, 배에 오른 한 늙은 인디언은 그것이 에이허브의 '정수리에서 발바닥'까지 전신에 걸쳐 있다고 주장한다. 우리는 벼락이 이 '당당하고 신을 공경하지 않는 신 같은 사람'(16장)의 영혼을 관통했다는 느낌을 갖게 된다. 선장의 얼굴에는 무서운 표정, 끝을 모르는 확고한 불굴의 정신, 결코 꺾을 수 없는 결연한 외고집이 풍긴다. 이슈마엘은 이 모든 것에 너무 압도되어 다리 ― '향유고래의 턱뼈를 갈아 만든' 야만적인 하얀 상아빛의 의족 ― 에 눈길을 보내는 데만 몇 초나 소요될 정도였다. 의족의 아래쪽 끝은 뒷갑판에 뚫어 놓은 구멍 속에 꽂혀 있다. (배 반대쪽에도 그런 구멍이 또 하나 있다.) 이 같은 묘사는 그 사내가 실물보다 크고, 선하든 악하든 하늘의 벼락을 맞았으며, 몸의 일부가 향유고래의 턱뼈를 조각해서 이루어졌다는 특징을 보여준다.

Chapters 29-31
에이허브 등장하고, 스텁이 다가오다 | 파이프 | 꿈의 여신

에이허브가 선실에서 보내는 시간이 점점 줄어든다. "밤의 무덤 속으로 들어가는 것 같군." 그는 들리게 중얼거린다. 밤에 갑판을 고래턱뼈 의족이 쿵쿵대며 걸어가는 소리가 밑에 있던 몇몇 선원들의 신경을 거스른다. 스텁이 소리가 나지 않도록 의족을 감싸면 어떨지 익살스럽게 선장에게 묻자 에이허브는 개새끼, 당나귀 새끼라며 물리친다. 에이허브는 담배로는 위로를 얻지 못하고 불붙은 담배파이프를 바다에 던진다. 스텁은 혼란스러운 꿈을 꾼다.

이 3개 장은 에이허브라는 인물을 더욱 깊이 있게 조명해 준다. 피쿼드 호가 남진해 고래들을 발견할 수 있는 곳 가까이에 이르자 선장은 안절부절못한다. 밤에 갑판을 걸어다니는 에이허브의 습관은 밑에서 잠을 청하는 몇몇 선원들에게 방해가 된다. 스텁이 조심스럽고 악의 없이 어떻게든 쿵쿵거리는 의족을 감싸려다 에이허브의 적개심에 부닥친다. 당시의 포경선에서는 선장이 왕이라고 이슈마엘이 지적한다.

스텁이 물러간 후 독자들은 에이허브의 상처받은 영혼을 더 깊이 들여다보게 된다. 나침함(函)의 램프로 파이프에 불을 붙인 선장은 분명 평온하게 앉아 있는 모습이지만, 마음은 기쁨을 느끼지 못하고 단 하나의 목표를 향해 질주한다. 그는 스텁을 물리친 것만큼이나 매몰차게 바닷물 속으로 파이프를 던지고 다시 뱃전 밖으로 내민 판자 위를 걷는다.

스텁에 대해서도 더욱 많은 것이 드러난다. 그는 성서의 십계명(출애굽기 20: 2-17, 신명기 5: 6-22) 외에도 열한 번째('생각하지 말라')와 열두 번째('잘 수 있을 때 자라') 신조도 갖고 있다. 하지만 오늘 밤은 잠도 스텁에게 휴식을 가져다주지 못한다. 늙은 에이허브가 상아빛 다리로 자신을 걷어차는 꿈을 꾼 것이다. 그것을 받아 차려는 이등항해사의 다리가 빠져버리고, 에이허브는 갑자기 피라미드로 변한다. 스텁이 그것을 차자 '오소리처럼 털이 난 늙은 곱사등이 인어'가 말리며 에이허브처럼 현명한 사람에게 걷어차이는 것은 영광이라고 말한다. 나머지 대부분의 선원들처럼 스텁도 선장의 행위가 혼란스럽고 불안하다. 하지만 이 편집광적인 선장에게 이끌려 위대한 사람으로 존경하며 어디든지 따를 것이다.

Chapters 32-35

고래학 | 작살잡이 장(長) | 선장실의 식탁 | 돛대 꼭대기

: 줄거리

고래학의 한 분야로 이슈마엘은 다양한 형태의 고래에 대해 들려준다. 그는 고래 중 향유고래를 가장 높게 친다. 이어서 그는 지휘계통과 그 위계질서가 일상생활 속에서 실행되는 방법들을 논하면서 선상 생활로 주의를 돌린다. 화자는 돛대에서 망보는 일의 아름다움과 위험을 생각한다.

: 풀어보기

멜빌은 선상 생활과 함께 이슈마엘이 고래의 종류를 생각하는 장을 통해 에이허브로 인한 긴장을 누그러뜨린다.

이슈마엘은 고래들의 체계를 논하면서 포경에 대해 갖는 자긍심과 그것을 얼마나 중요하게 생각하는지를 보여준다. 그는 향유고래를 가장 높이 산다. 향유고래는 지구에서 가장 큰 서식자이고 가장 만만찮은 상대로 노련한 포경자들이 경의를 표한다. 무엇보다도 포경업계에서는 고래 가운데 향유고래를 가장 귀하게 여긴다. 향유고래는 머릿속 기름에서 채취되는 하얗고 밀랍 같은 경랍(鯨蠟)의 주원천으로, 이 물질은 화

장품과 연고, 초를 만드는 데 사용된다. 이슈마엘에게 향유고래는 고귀한 생물로 포경사업에 중요하기도 하지만 독자들이 방금 알기 시작한 에이허브의 원정에도 중요함을 더해 준다.

　　포경선에는 규율과 효율성에 필수적인 일종의 지휘계통이 있고, 그 영향은 선원들의 일상생활 속에서도 목격된다. 선원들은 배의 앞부분에서 거처하고, 선장과 항해사, 작살잡이는 뒷부분에서 잔다. 작살잡이에게 보이는 존경은 특히 중요하다. 그들의 배경은 원시적일지 모르지만 그 특별한 기술 덕분에 상급선원 대우를 받는다. 이 이야기가 있기 200년 전만 해도 네덜란드 포경선에서는 선장과 작살잡이 장이 권한을 나눠 가졌으나, 고래잡이는 선장이 아니라 글자 그대로 '기름을 잘라내는 사람'인 '작살잡이 장'이 지휘했다. 이런 직책이 미국인들이 지배하는 이슈마엘 시대의 포경산업에서는 존재하지 않았지만, 작살잡이는 상급선원들과 함께 기거하며 상급선원들이 식사를 마친 후에 선장실의 식탁에서 식사를 하는 등 상당한 존경을 받는다.

　　포경 일은 특히 배에서 가장 높은 지점인 돛대에서 고래를 찾는 사람들에게 위험하다. 아름다운 날 거기서 보는 경치는 경외감을 느끼게 하지만 돛대에 오르는 것만으로도 위험천만한 일이다. 또한 피쿼드 호 같은 남양 포경선의 횟대에는 북양 배처럼 보호 장치를 한 '까마귀 둥지(망대)'가 없다. 날씨가 거칠면 망을 보던 운 나쁜 선원은 목숨을 걸어야 한다.

Chapter 36

뒷갑판

파이프 사건이 있은 후 며칠 지나 에이허브는 좌불안석으로 선실에서 지내거나 뒷갑판을 걸어 다니며 시간을 보낸다. 날이 저물어 갈 무렵 그는 돛대 당번을 포함해 선원 전원에게 집합 명령을 내린다. 그리고는 고래의 발견을 알리는 절차를 간단히 논하고, 백경을 최초로 발견하는 사람에게 스페인 금화 1온스를 주겠다고 말한다. 그는 모비딕을 죽이는 임무에 선원들의 협력을 얻어내지만 스타벅만은 반대한다. 에이허브와 선원들은 축배를 든다.

소설의 가장 중요한 장 가운데 하나에서 멜빌은 극적 기술—해설과 함께 간단한 무대 지시, 대사, 격려의 연설—을 도입한다. 이 기법은 독자에게 지도자이자 웅변가로서의 에이허브의 위엄과 능력을 알게 해주기 때문에 특히 효과적이다.

날이 저물면서 스텁은 에이허브의 마음속에서 뭔가 중요한 것이 꿈틀대고 있다고 확신한다. 이등항해사는 플

래스크에게 '그(에이허브)의 내부에 있는 병아리가 껍질을 깨는 것'이라고 말한다. 지금은 에이허브가 자신의 진의를 발표하고 백경 사냥이라는 오직 한 가지 노력에 합류하도록 선원들을 설득하기 위해 선택한 시간이다. 정치 집회의 웅변가처럼 에이허브는 먼저 단합된 반응을 끌어낼 가슴 뛰는 일련의 질문을 던져 집단을 하나로 만든다. "고래를 발견하면 자네들은 어떻게 하겠나?", "그리고 어떻게 하겠나?", "어디까지 쫓아갈 텐가?" 선원들은 점차 흥분해서 마치 실제 포획에 나선 듯한 모습이다. 그때 에이허브는 제일 먼저 백경을 발견하는 사람에게 1온스짜리 스페인 금화를 주겠다고 한다. 그는 기울

어가는 태양 속으로 금화를 치켜들었다가 큰 돛대에 대고 못
질을 한다.

그 고래의 모습—하얀 머리에 주름 잡힌 대가리, 비뚤
어진 턱, 우측 꼬리에 구멍이 세 개 있는 바로 모비딕—을 최
초로 인지하는 사람은 작살잡이들이다. 그들의 이 같은 열정
적인 확인 작업과 모비딕이 선장의 다리를 끊었다는 사실이
밝혀짐으로써 '지구 어디든 그놈이 검은 피를 내뿜고 죽어 자
빠져 지느러미가 하늘을 향할 때까지' 추적에 동참할 것을 요
구하는 감정적 호소가 먹혀든다. 선원들은 열정적으로 찬성을
외친다. 스타벅만이 거부하고 나선다. 그는 고래 기름을 모으
는 일에 전념하길 바라며 '단지 가장 맹목적인 본능에서 당신
을 후려쳤을 뿐인 말 못하는 짐승'에게 복수하는 것은 '불경'
이라고 생각하기 때문이다. 이 부분에서 스타벅과 에이허브의
차이점이 분명하게 나타난다. 스타벅은 어떤 일이 일어나는
방법이나 이유에 아무런 의미를 두지 않지만 에이허브는 모든
일의 의미를 하나하나 해석한다는 것이다.

인물
탐색　학자들은 에이허브가 모비딕을 악의 대표라고 생각하
는지 아니면 선장의 자만심이 너무 커서 자연의 구조물,
심지어는 하느님 자체도 상대하고 싶어하는 것인지에 대해 의
견이 분분하다. 고래가 악한 것인가, 아니면 에이허브 속에 악
이 있는 것인가? 고래라는 외관 뒤에 숨은 힘, '가면' 뒤의 '불
가해한 것'을 공격하겠다고 호언장담하는 선장의 모습은 반미

치광이처럼 보인다. 에이허브의 집착을 이해하기 위해서는 그가 진정으로 죽이고자 하는 것이 무엇인지를 알려고 노력해야 한다. 그것은 고래인가, 고래 배후의 힘인가? 이것은 소설이 진행되면서 생각해 볼 문제들이다. 에이허브는 신이기를 원하며 자기 위에 존재하는 어떤 권능의 모욕을 견뎌야 하는 것에 분노한다는 주장이 가능하다. 그 '불가해한 것'이 감히 세상에서 에이허브의 역할을 제한하다니. 에이허브는 자신이 초인적인 힘, 단순한 인간들을 죽음으로 몰아넣을 내적 열정으로 충만하다고 생각한다. 그가 합치된 명분의 실행을 축하하며 세 명의 작살잡이에게 술을 건네는 장면에는 악마의 위령미사 같은 충격이 있다. 강하고 위엄 있고 편집증에 광적이기까지 한 에이허브는 선원들 중 한 사람만 빼고는 모두를 휘어잡는다.

Chapters 37-40

일몰 | 땅거미 | 최초의 불침번 | 한밤중의 앞갑판

저녁에서 밤으로 접어들며 다양한 인물들이 그날의 사건에 반응한다. 해질녘 에이허브는 선장실에서 선원들의 마음을 손쉽게 끌어들인 것에 흡족해 하며 결의를 다진다. 날이 어스름할 무렵 스타벅은 큰 돛대 옆에서 선장의 계획을 바꿀 수 없음을 느끼며 체념한다. 앞돛대 꼭대기에서 첫 불침번(밤 8시)을 서는 밤에 스텁은 터무니없는 그 모든 것을 비웃는다. 한밤중이지만 앞갑판에서는 몇몇 선원과 작살잡이들이 여전히 술파티를 벌이고 있다.

이 네 개의 장에서 멜빌은 간단한 무대 지시와 독백, 대화를 이용해서 계속 극적인 장면을 연출한다. 이슈마엘은 해설을 하지 않는다. 멜빌은 줄거리 진행 외에 에이허브와 스타벅, 스텁, 그리고 몇몇 선원들의 생각과 설명을 통해 등장인물들의 모습을 좀더 깊이 보여준다.

에이허브는 배 뒤에 있는 선장실 창문을 통해 배의 꽁

무니에서 부글부글 희뿌옇게 일어나는 항적(航跡)을 본다. 그
는 그것을 세상에 대한 자신의 중요한 흔적이라고 생각한다.
스스로 말하듯이 그는 '광란하는 미치광이'다. 그는 하느님을
조롱하며 직접 복수의 예언자와 예언의 집행관이 되기로 결심
한다.

인물탐색 스타벅의 반응은 대다수 선원들과는 대비된다. 일등항
해사는 선장과 대적할 상대가 못 된다는 것을 인정하
고 '하늘을 모욕하려는 목적'에 순응하면서도 '불길한 미래'를
두려워한다. 스텁은 '운명 지어진' 상황에 특유의 비웃음을 짓
고 흥겨운 노래를 부른다. 세계의 여러 곳을 대표하는 나머지
선원들 대부분은 자정을 넘긴 파티에 만족스러워한다. 그들은
죽음으로 이르는 여행을 감지하지 못하는 것 같다. 선실 급사
핍은 예외적으로 선원들이 '흥분'을 느끼는 이유에서 공포를
발견한다. 93장에서 그의 통찰력에 대해 더 많이 알게 될 것
이다.

Chapters 41, 42

모비딕 | 고래의 흰색

화자로 돌아온 이슈마엘은 백경에 대해 들었던 것을 전한다. 그 정보는 모두 다른 사람에게 들었지만 아직 증명할 수 없는 소문에 불과하므로 대부분이 과장되었을지 모른다는 것을 인정한다. 이미 일종의 전설적인 존재가 되어버린 모비딕은 동시에 어디에나 존재(모비딕은 여러 곳에서 동시 출현하는 것으로 여겨진다.)하고 영원 불멸할지도 모른다는 평판이나 있기 때문에 이슈마엘도 그렇게 설명한다. 독자는 에이허브가 다리를 잃은 상황에 대해 더 자세한 내용을 알게 되며, 이슈마엘은 '흰색'의 의미를 생각해 본다.

에이허브의 제안과 선원들의 반응을 극적 형태로 제시한 멜빌은 이야기의 발언권을 이슈마엘에게 넘긴다. 이슈마엘은 두려움을 안은 채 남은 항해를 고대하지만 대부분의 선원들처럼 에이허브의 카리스마 넘치는 호소력에 압도되었음을 인정한다.

 이제는 소설의 주요 인물로 생각할 수 있는 백경에 대해 상당히 많은 것을 알게 되었다. 이 두 장에서 이슈마엘은 백경의 외적인 묘사를 확대해 믿을 만한 것에서부터 환상적인 것에 이르는 보고들을 생각해 본다. 독자들은 에이허브와 작살잡이들(36장), 그리고 모비딕이 눈처럼 흰 머리에 주름진 이마, 비뚤어진 턱, 특히 확 퍼지는 물기둥과 갈라진 꼬리의 오른쪽에 세 개의 구멍이 난 초대형 향유고래라는 이야기를 들었다. 등의 혹 역시 하얗고 피라미드처럼 생겼다. 신체의 나머지 부분은 하얗게 대리석 무늬가 있고, 잠수하기 전에는 꼬리가 부채꼴이 된다. 모비딕이 즐겨 쓰는 속임수 가운데 하나는 도망치는 것 같이 보이다가 갑자기 추격자를 향해 몸을 돌려 보트를 부수는 것이다. 선원들은 백경이 대단한 지능과 심술을 지녔다고 생각한다.

에이허브에게 백경은 무엇인가? 이슈마엘은 에이허브가 백경을 악의 화신으로 본다고 생각한다. 36장에서 에이허브는 모비딕을 그가 지배당하기를 거부하는 거대한 힘이 숨어 있는 '가면'으로 보며, 자신의 수단은 정상이지만 동기와 목적은 미쳤다고 자인한다.(41장) 그러나 에이허브는 최고의 판단자는 아닌 것 같다. 듣자 하니 '아칸소의 싸움꾼'처럼 겨우 6인치짜리 칼 하나로 백경을 공격하던 날, 모비딕의 아랫니가 풀잎을 자르는 잔디 깎는 기계처럼 선장의 다리를 베어버렸다는 것이다. 고래를 공격하는 방법은 선장의 지나친 결단이 몰고 간 미친 짓인 것 같다.

　　해롤드 블룸(〈모비딕: 현대 비평적 해석〉)을 비롯한 많은 학자들은 '그 고래의 흰색'을 이 소설의 '비현실적 중심'이며, 이 점은 모든 멜빌 작품에 적용될지도 모른다고 생각한다. 학생들은 이슈마엘이 '색의 명백한 부재'에서 찾으려는 풍부한 다의성(多義性)에 주목할 수도 있다. 그는 흰색에서 순진무구와 악, 영광과 저주를 본다. 물론 멜빌은 그 의미를 순순히 가르쳐주지 않을 것이고, 대부분의 위대한 작가들처럼 독자 스스로 결론을 내리도록 한다. 에이허브는 대단한 사람으로 보이지만 미치광이다. 그러나 모비딕의 정체는 무엇인가?

Chapters 43-45
들어라! | 해도(海圖) | 공술서(供述書)

어느 고요한 밤, 배 뒤쪽에서 작업을 하던 선원 중 하나가 접근이 금지된 갑판 창구(艙口) 밑에서 기침 같은 이상한 소리를 듣게 된다. 소리의 출처는 밝혀지지 않는다. 그동안 에이허브는 고래의 이동 유형을 연구하느라 세계의 대양 해도를 응시하면서 저녁을 보낸다. 이슈마엘은 독자들이 자기 이야기를 믿을 수 있도록 어떤 사실을 맹세할 때가 되었다고 생각한다.

그 항해의 어떤 불가사의가 여전히 설명되지 않은 상태다. 이슈마엘이 크리스마스 날 아침에 본 배에 오른 형체들은 무엇이었나? 그 형체들은 뒷갑판 부근의 창구 밑에서 들린 이상한 소리와 관계가 있을까? 에이허브는 알고 있을지도 모르지만 말을 하지 않는다. 선장은 모비딕이 있을 만한 곳을 추측해 보면서 대부분의 저녁을 보낸다. 이슈마엘은 고래가 특정한 유형을 띠고 이동한다는 것을 알려준다. 하지만 향유고래의 경로는 대부분의 고래보다 더 다양하며 또 세상은 넓다.

45장에서 이슈마엘은 독자에게 자신의 이야기가 가능성과 일치한다는 것을 확신시키려 한다. 그는 마치 선서를 하듯 에이허브의 작살이 여전히 모비딕에게 고통을 주고 있으므로 그가 백경을 죽일 사람이라고 믿는 것은 옳다고 밝힌다. 그런 이상한 일들은 실제로 있어왔다. 모비딕을 알아볼 수 있다는 것도 희귀한 일이 아니며, 이름이 붙여진 몇몇 다른 향유고래들도 마찬가지다. 이슈마엘은 보트를 타고 고래를 사냥하는 것은 매우 위험하며 향유고래들은 큰 배를 공격해서 침몰시키는 것으로 알려지기까지 했다고 경고한다. 이슈마엘은 역사와 기타 명백한 사실이 없다면 독자는 모비딕을 괴물 같은 신화, 더 심하게는 우화로 무시할 수도 있다고 우려한다. 그는 불신하지 말라고 요구하지만 우리는 틀림없이 무엇인가 있다고 생각해야 한다. 이것이 웅대하고 매력적이며 감춰진 뜻이 너무 많은 신화적인 여행이기 때문이다. 이슈마엘은 우리에게 이야기에 충실하라고 부탁한다.

Chapters 46-49
억측 | 거적 만들기 | 최초의 추적 | 하이에나

이슈마엘은 에이허브가 계속해서 모비딕 이외의 다른 고래들을 찾는 동기를 추측한다. 퀴퀘그와 이슈마엘이 보트에 달아맬 거적을 만들고 있을 때 태슈테고가 향유고래 떼를 발견하고 큰소리로 "저기 고래가 물을 뿜는다!"라고 경보를 발한다. 거의 즉각적으로 선원들이 행동에 돌입해 보트를 내리기 시작한다. 갑자기 '시커먼 다섯 허깨비'가 에이허브를 둘러싼다. 고래를 추적하다가 이슈마엘의 보트가 침몰하지만 배에 탄 사람들은 모두 목숨을 건진다.

: 풀어보기

인물 탐색 이슈마엘은 에이허브가 다른 고래를 찾는 이유를 '불같은 포경자'의 본성이거나 모든 고래에 분노하기 때문이라고 추측함으로써 선장의 성격을 더 깊이 있게 보여준다. 하지만 그보다는 선장이 선원들을 위한 단기 목표와 그들의 돈 주머니를 채워주는 일에도 관심을 가지고 있다는 것을 암시한다. 그들은 실습도 필요하다. 현명한 지도자인 그는 사냥을 부

추긴다. 또한 에이허브는 선원들에게 알아야 한다고 생각하는 것만 말해 주는 아주 은밀한 사람이다. 보트에 탄 형체들의 수수께끼와 갑판 밑에서 나는 소리는 처음으로 보트를 내릴 때 갑자기 다섯 명의 '마닐라 원주민'이 선장을 둘러싸면서 풀린다. 포경선 선장은 통상 실제 사냥을 할 때는 배에 남아 있지만 에이허브는 자기가 데려온 원주민 선원들과 고래 추격에 동참하게 될 것이다. 그 원주민들의 우두머리는 흰색 터번을 두른 페달라라는 노인이다. 원주민들에게서는 계속 비밀스럽고, 심지어는 사악한 듯한 기운마저 감돈다. 몇몇 백인 선원들은 마닐라 원주민들을 '그들의 신인 물의 악마를 섬기는 첩자이자 비밀요원들'로 믿는다고 이슈마엘은 지적한다.

48장은 실패한 고래 추적을 흥미진진하게 설명한다. 보트를 타고 고래를 추적하는 일이 위험하다고 했던 이슈마엘의 말이 사실로 증명되고, 이슈마엘이 탔던 스타벅의 배를 잃는 것으로 그날의 사냥은 끝이 난다.

Chapters 50, 51
에이허브의 보트와 선원 페달라 | 이상한 물기둥

선주들 모르게 에이허브는 개인 선원들인 네 명의 노 젓는 사람과 작살잡이 페달라를 데려왔다. 페달라를 제외한 나머지 선원들에 대한 신비로움은 곧 사라진다. 피쿼드 호 선원들은 그 원주민들과 함께 일을 하고 유능한 선원들로 받아들인다. 몇 주가 지나자 배는 아프리카 남단에 이른다. 달빛 밝은 밤에 페달라는 멀리서 은빛 물기둥을 발견한다.

인물 탐색 이 장은 페달라의 성격을 더 깊이 있게 들여다보는데, 여전히 불가사의한 인물이다. 유령처럼 돌아다니는 에이허브에게 기이한 영향력을 갖고 있는 듯하다. 이슈마엘은 그를 변화를 모르는 동양 사회에서나 볼 수 있는 고대의 유령 같은 인물에 비교한다. 심지어 악마일지도 모를 일이다.

밤에 주 돛에서 불침번을 서던 페달라가 멀리서 처음 발견한 은빛 물기둥은 신비한 분위기를 더해 준다. 아무리 노력해도 피쿼드 호는 그것을 따라잡을 수 없다. 때로는 그것이

며칠씩 나타난다. 그 광경은 있는 그대로라면 자유자재로 나타났다 사라지는 것 같지만 오직 밤에만 보인다. 어떤 사람들은 그것이 모비딕이라고 한다. 자기를 따라오라고 계속해서 조롱하고, 유혹하고, 유인해서는 마침내 몸을 돌려 그들을 파괴해 버릴 백경. 아프리카 남단의 희망봉을 돌아선 배는 결국 은빛 유령을 놓치고 이어 사나운 바람과 거친 파도를 만나게 된다.

Chapters 52-54
알바트로스 호 | 갬 | 타운호 호 이야기

이슈마엘은 '갬(gam)'을 정의하면서, 피쿼드 호가 가진 두 차례 갬에 대해 논평한다. 다른 배와 교통하는 첫 기회는 알바트로스 호의 선장이 강풍으로 신호나팔을 떨어뜨리는 바람에 그냥 지나간다. 두 번째 배는 타운호 호였는데, 선원들이 폴리네시아인들로 구성된 것이 특징이다. 이 뒤에는 긴 이야기가 있는데, 이슈마엘은 그때 있었던 긴 이야기를 세세하게 즐거이 말해 준다.

이 장들에서는 그 시대의 항해 풍습에 대해 더 많은 것을 보여준다. 에이허브와 이슈마엘의 성격에 대한 지속적인 통찰도 마찬가지로 흥미롭다. 그러나 먼저 '갬'에 대한 정의를 이해해야 한다.

'갬'이라는 장에서 이슈마엘은 갬을 '두 척 이상의 배가 가지는 사교적인 만남'이라고 설명한다. 즉, 선원들이 서로의 배를 방문하는 것으로 두 선장이 한 배에 타고 일등 항해사는 다른 배에서 만난다. 가장 최근에 항구에 기항했던 배에서 신문이나 편지가 건네지기도 한다. 바다에서 오래 조업했던 배는 고래 소식을 알려준다. 희망봉 주변 지역은 세계의 다른 유사 지역보다 더 많은 배들이 몰려 있어 미국 포경선들이 이익이 되는 갬을 특히 즐긴다고 한다. 오직 한 가지 질문─"백경을 보지 못했소?"─에 대한 답에만 관심이 있는 에이허브는 예외다. 피쿼드 호는 세계를 반쯤 돌아간 항해에서 여러 척의 포경선을 만난다. 편집광적인 에이허브는 포경선을 만날 때마다 한 가지 관심밖에 없다. 따라서 그 고래를 본 적이 있는 타운호 호와의 갬은 허용한다.

　　　이슈마엘은 한때 페루 리마의 골든 여인숙에서 스페인 친구들에게 말했던 그대로 타운호 호의 이야기를 즐겨 반복한다. 이것은 이슈마엘에 대해 두 가지 흥미로운 사실을 알려준다. 첫째, 화자가 끝까지 살아남는다는 심도 있는 증거를 제공한다. 그는 살아서 골든 여인숙 이야기와 모비딕 이야기를 들려준다. 게다가 독자들은 골든 여인숙에서 피쿼드 호에 승선한 풋내기 고래잡이보다 훨씬 더 성숙하고 노련하며 자신에 찬 이슈마엘을 만나게 된다.

그것은 바다에서 있었던 타운호 호의 위기를 포함해 소설의 이야기 속 이야기다. 항해중이던 그 배에 구멍이 나 새고 있었다. 배가 침몰하지 않도록 하기 위해서 선원들은 터무니없이 혹사당했다. 갑자기 모비딕이 나타났고, 건장

한 포경 선원들이 백경을 뒤쫓았지만 재앙만 얻었을 뿐이었다. 백경이 솟아오르고 이빨 사이에서 희생자 중 한 명의 붉은 모직 셔츠가 토마토 조각처럼 보이는 모습을 묘사하는 이슈마엘의 말솜씨가 돋보인다. 대부분의 선원들은 살아남았지만 배를 떠나버렸고, 따라서 인근 섬에서 폴리네시아 선원들로 교체되었던 것이다.

Chapters 55-60

괴물 같은 고래 그림에 대해 | 오류가 적은 고래 그림과 진정한 고래잡이 그림 | 유화, 이빨, 철판, 돌, 산, 성좌 속에 나타난 고래에 대해 | 어란 | 왕오징어 | 포경 밧줄

: 줄거리

이슈마엘은 예술에서 고래에 대해 묘사한 것들을 떠올리면서 대부분에 불만을 나타내지만 몇 가지는 거의 정확하다고 인정한다. 이야기로 돌아가서 피쿼드 호는 고래의 먹이가 되는 '광대한 어란 초지'를 만난다. 배가 자바로 향하면서 망을 보던 대구는 멀리서 거대한 흰 덩어리를 발견하고 백경이라고 소리친다. 그것은 거대한 오징어로 밝혀진다. 이슈마엘은 보트에 있는 고래 밧줄의 강도와 용도에 대해 설명한다.

: 풀어보기

이슈마엘은 예술에서 부정확하게 고래와 고래잡이가 묘사되는 것이 짜증스럽다. 그는 고래가 살아가는 모습을 제대로 알고 싶으면 직접 '고래잡이를 가라'고 권한다. 물론 그것은 죽음을 부르는 위험한 모험일 수 있다. 이슈마엘은 두어 작품의 프랑스 판화만이 고래와 포경 장면을 거의 정확하게

묘사하고 있다고 말하며, 당시의 유명한 화가가 누구인지 모르지만 루이스 가르네리(1782-1857)의 그림을 중요하게 여긴다고 한다. 그리고 포경 선원들이 경골이나 다른 것들의 표면에 새긴 정교한 '스크림샌더(선원들의 심심풀이 수공품)' 등, '살아 있는' 사례들도 많이 보아왔다.

이슈마엘은 독자에게 바다에 대해 더 많은 것들을 알려준다. 그는 미세하고 노란 어란이 광대하게 펼쳐진 지역을 '무르익은 황금 밀밭'처럼 보인다고 표현하면서 바다의 생태학을 생각한다. 참고래들이 어란을 먹는 모습은 평화롭기 그지없어서 이슈마엘은 잔디를 깎는 잔디 깎기를 떠올린다. 그러나 바다에는 무서운 폭력도 있다. 생물들은 서로 먹고 먹히며, 거대한 향유고래조차 잔인한 운명에서 자유롭지 못하다. 이슈마엘은 대양이 특히 사람들에게 위험하다고 다시 경고한다.

포경 밧줄이나 로프에 대한 이 장은 포경산업에 대한 고찰로 되돌아간다. 마닐라 로프는 3분의 2인치 굵기지만 단단하게 엮여 있어 놀라울 정도로 질기고, '3톤에 가까운 무게를 견뎌낸다'고 한다. 그 한쪽 끝에는 작살이 매어져 있고, 포획하는 동안에는 보트에 있는 통에 감긴 채 운반된다. 아래 끝은 아무것도 매달려 있지 않지만 고래가 해저로 잠수하면 다른 배의 밧줄과 연결시키거나 도망가는 고래를 따라다닐 수 있도록 배에다 묶기도 한다. 가벼운 실수로 그 밧줄과 함께 선원의 팔이나 다리, 머리, 온몸이 딸려갈 수도 있다.

Chapters 61-66

스텁, 고래를 죽이다 | 돌진 | 가닥 기둥 | 스텁의 저녁 식사 | 고래 요리 | 상어 대학살

: 줄거리

이슈마엘이 성공적인 포획과 곧 이어지는 결과에 대해 설명한다. 배에서 약 100야드 떨어진 곳에서 거대한 향유고래를 발견한 선원들은 재빨리 행동에 돌입한다. 스텁의 보트가 고래를 죽이고, 그 이등항해사는 저녁으로 고래 스테이크를 먹으며 축제로운 기분에 잠긴다. 스텁은 흑인 요리사 플리스를 괴롭히고 부추겨서 죽은 고래를 공격하는 상어에게 설교를 하게 한다.

: 풀어보기

문체 탐색 멜빌은 성공적인 고래 사냥을 사실적으로 묘사한 부분에서 인물을 더욱 깊이 이해할 수 있도록 특징적인 대화를 구사한다. 그러나 현대의 독자는 그 효과에 의문을 가질지 모른다. 그것은 배가 출항한 이래 별로 들을 수 없었던 퀴케그의 이야기로 시작된다. 일부 선원들은 하얀 거대 오징어를 불행의 전조라고 믿는다. 하지만 퀴케그는 작살잡이로서의

적지 않은 경험을 보여주는 노련한 태도를 취한다. "오징어를 보면 말이지… 빨리 히앙우고래란 놈을 보게 되지." 그가 옳았다. 향유고래가 곧 나타난 것이다.

스텁은 유능한 선원이지만 장난이 거칠다. 고래를 죽인 후 축하하기 위해 흑인 요리사 플리스에게 스테이크를 준비하라고 요구한다. 플리스가 하는 일은 모조리 만족스럽지 못한 모양이다. 스텁은 자신을 아주 재치 있는 사람이며 모든 면에서 플리스보다 우월하다고 생각하는 것 같다. "요리사, 요리

사!—플리스 영감 도대체 뭐하는 거야? … 요리사, 이봐 요리
사! 항로를 이쪽으로 잡아.” 스텁은 고래 스테이크가 붉은 빛
이 돌지만 너무 익어서 연하다고 불평한다. 그는 질긴 것을 원
한다. 게다가 상어들이 너무 시끄러워서 자기가 플리스에게
고함치는 소리도 거의 들리지 않는 상황에서 상어들에게 설교
를 하라고 명령한다. 플리스는 당시 문학에 등장하는 판에 박
힌 흑인 대사로 설교를 한다. “그 입으로 침 질질 흘리며 엿
같이 쩝쩝거리지 좀 마라! 스텁 쥔님 말쌈이시다. 엿 같은 배
에 처넣는 것은 좋지만, 젠장 그 엿 같은 소리는 내지 마시라!”

　　독자들은 플리스를 괴롭히는 사람이 스텁이지 이슈마
엘이나 멜빌이 아니란 것을 기억해야 할지 모른다. 하지만 그
이등항해사의 지나친 괴롭힘에 대한 반격은 없다. 소설 발행
시점은 1851년으로, 노예해방령으로 인해 실질적으로는 아
니더라도 법적으로는 미국에서 노예제도가 종식되기 약 12년
전이었다. 스텁과 플리스 간에 펼쳐지는 긴 장면은 재미를 주
기 위한 것으로 생각된다.

Chapters 67-70

고래 해체 | 모포 | 장례 | 스핑크스

나무토막, 태클(활차와 로프를 연결해 물건을 오르내리는 장치), 작살, 고래 지육인 '모포'를 거둬들이는 칼 등의 도구들을 사용해 선원들이 작업하는 모습을 묘사하면서 사냥 이후에 벌어지는 일을 계속 설명한다. 고래 머리는 값비싼 경랍을 구할 수 있기 때문에 제거된다. 작은 고래의 머리는 배 위로 옮기기도 한다. 그런데 이날 잡은 것만큼 큰 고래의 경우에는 머리만 부분적으로 물 밖으로 끌어올려 위쪽부터 배 옆에서 작업이 이루어진다. 이슈마엘은 사체 버리는 것을 장례식에 비유한다.

이 장의 어조는 객관적이고 사무적이며, 이슈마엘과 에이허브라는 인물을 번갈아가며 보다 깊이 들여다본다. 고래잡이들은 직업적으로 두 가지 일에 흥미를 가진다. 고래의 피부를 형성하는 지육 '모포'와 가장 가치 있는 상품을 지닌 머리다. 고래의 지방은 15인치 두께나 되며 오렌지 껍질처럼 벗겨진다. 기름을 내기 위해서는 끓이는데, 톤당 약 10배럴 정도의 기름이 나오므로 아주 큰 향유고래라면 100배럴이 된다.

이슈마엘은 버려진 사체가 둥둥 떠서 멀어져가는 것을 지켜보며 서글프고 실망스러운 장례라고 생각한다. 그리고 그것을 뜯어먹을 준비를 하는 바다독수리를 생명체, 특히 바다 생명체의 잔인한 육식성을 대표하는 '공중 상어'에 비유한다.

고래 머리는 하얀 밀랍 같은 경랍이 있는 부위이기 때문에 가치가 있다. 거대한 몸체의 3분의 1을 차지하는 잘린 머리는 다루기가 어렵지만 산업에는 필요하다. 이 주제는 74-80장에서 다시 다룬다.

에이허브에게는 머리가 수익의 원천이기보다 신비한 스핑크스 같아 보인다는 사실은 의미심장하다. 그는 그 머리가 '기록되지 않은 이름과 배들이 녹슬어가는' 곳(바다 밑)을 다녀왔고, '잠 못 이루는 어머니들이 자식들이 쉴 수만 있다면 목숨이라도 바치겠다고 할 정도로 귀한 수많은 선원들 곁에서 잠을 잤을 테니까' 어떤 비밀들을 말해 줄 수도 있을 것이라고 생각한다. 에이허브는 복잡한 사람이고, 약점과 장점도 아주 많다. 그를 가볍게 생각하거나 단순하게 분류하려고 하면 실수다.

Chapter 71
제로봄 호 이야기

피커드 호의 선원들이 고래를 해체할 때 또 한 척의 낸터컷 포경선 제로봄 호가 접근하고, 선장과 몇몇 선원들이 보트를 타고 가까이 다가온다. 제로봄 호에서는 '악성 전염병'이 나돌아 선장이 에이허브의 배에 타는 것을 거부한다. 게다가 그 배는 자기를 대천사 가브리엘이라고 생각하고 헛소리를 지껄이는 어떤 셰이커교도 예언자가 거의 장악하고 있는 것 같다. 모비딕을 셰이커교 신의 화신이라고 믿는 가브리엘은 백경과 대결하지 말라고 경고한다.

문체 탐색 제로봄 호와의 만남은 피쿼드 호의 포획을 둘러싸고 있는 불길한 분위기를 고조시킨다. 성서의 제로봄(여로보암. 열왕기 상 11-14장)이 예언자의 경고에 주의를 기울이지 않고 고집 때문에 고통받은 것에 유의하자. 가브리엘이 미쳤다고는 해도 그를 무시하면 제로봄 호 역시 고통을 당한다. (성서의 가브리엘 — 다니엘 8: 16, 누가복음 1: 26 — 은 희소식을

알리는 전령관으로 마리아에게 예수의 어머니가 될 것이라는
계시를 전한다.)

소설 속의 가브리엘은 모비딕을 셰이커교의 신이라며
맞서지 말도록 경고하고 나서는데, 이것이 모비딕의 실체에
신비를 더해 준다. 제로봄 호의 선원들이 백경을 추격했을 때
고래의 요동치는 꼬리가 보트와 나머지 선원들은 건드리지 않
고 유독 해리 메이시만 내리쳐 불가사의하게 죽음을 당한다.
가브리엘은 또 배에 '역병'을 일으킨 것은 자신이고, 치유자도
자기밖에 없다고 주장한다.

제로봄 호와 피쿼드 호가 거북하게 격리된 갬을 시도하
면서 에이허브는 죽은 메이시의 편지를 기억해내고 상대편 선
장에게 건네주려 한다. 그때 그 편지를 낚아챈 가브리엘이 "아
냐, 당신이 갖고 계시오. … 당신도 곧 그리로 갈 테니 말이야"
라고 외치며 도로 피쿼드 호에 던진다. 에이허브가 머지않아
해저에서 메이시와 만날 것이라는 뜻이다.

Chapters 72, 73

원숭이 밧줄 | 스텁과 플래스크가 참고래를 잡고 참고래 이야기를 나누다

: 줄거리

포획한 고래에 지육 갈고리를 걸기 위해 작살잡이는 배 옆에 나란히 거의 물 속에 잠겨 있다시피 한 고래의 등까지 낮게 내려가 있다. 이 불안정한 위치에서 작살잡이의 안전은 갑판 위의 선원에게 붙들어 맨 원숭이 밧줄에 달려 있다. 플래스크가 스텁에게 기름의 질이 낮은 참고래를 사냥하는 이유를 설명한다.

: 풀어보기

주제 탐색 우정이란 주제는 72장에서 퀴퀘그와 이슈마엘이 다시 함께 있게 되면서 재개된다. 작살잡이는 무겁고 다루기 힘든 지육 갈고리를 부착하기 위해 배 옆 위험하게 흔들거리는 고래 사체의 등 위에 내려져 있다. 작살잡이는 종종 지방의 껍질을 벗기는 작업을 할 때 한동안 그 위험스런 자세로 있어야 한다. 그는 굶주린 상어의 턱 속으로 떨어지지 않도록 자기 보트의 앞쪽 두 번째 노를 젓는 사람과 '원숭이 밧줄'로 연결되어 있다. 여기서 작살잡이와 앞 노를 젓는 사람은 퀴퀘그와 이슈마엘이다. 원숭이 밧줄은 그들의 우정과 우리의 생존에 일조하는 인류간의 유대를 상징하는 것 같다.

종종 포경선에서는 미신을 믿기도 한다. 한 가지 예는 스텁과 플래스크가 참고래를 죽이고 단단히 지키는 것이다. 이등항해사는 왜 에이허브가 질이 떨어지는 참고래 기름을 원하는지 궁금하다. 바로 지금 피쿼드 호의 경우처럼 향유고래의 머리가 배의 우현 쪽에, 그리고 참고래의 머리가 좌현에 매어져 있는 배는 전복되지 않는다는 속설을 스텁이 들어보지 못했다는 사실이 플래스크는 놀랍다.

Chapters 74-80

향유고래의 머리 – 비교 | 참고래의 머리 – 비교 | 큰 망치 |
하이델베르크 술통 | 물탱크와 양동이 | 대초원 | 호두

이슈마엘은 향유고래의 머리와 참고래의 머리를 비교한다. 그는 향유고래의 이마를 굉장히 효율적인 큰 망치로 보고, 향유고래의 머리에 있는 거대한 기름통은 용량이 49,000갤런인 하이델베르크 성의 포도주 통을 연상시킨다. 태슈테고가 고래 머릿속으로 떨어져 퀴퀘그가 구한다. 향유고래의 두뇌는 비교적 작아 겨우 '호두' 크기 정도밖에 안 된다.

이슈마엘은 좋아하는 주제인 고래학으로 돌아와 배의 양쪽에 부착된 두 개의 머리를 비교한다. 화자는 내내 대비를 잘 해내고 있다. 선과 악, 백과 흑, 우현과 좌현, 하느님과 사탄, 광기와 이성. 그러나 실제로는 결코 그처럼 간단한 말로 세상을 보지 않는다고 해야겠다. 궁극적으로 반대쪽은 화자에게 철학적인 출발점이다. 예를 들어, 에이허브도 모비딕도 단 하나의 정의로 제한될 수 없다. 여기서의 인물들과 화

제는 복잡하고, 따라서 이슈마엘은 풍성한 삶의 시각에 기뻐
하는 것 같다.

　　이 장에서 이슈마엘은 향유고래와 참고래의 머리를 대
조하는 것에서부터 이야기를 풀어나간다. 그는 이것들이 인간
이 사냥하는 유일한 고래들이라며, 둘 중에서 향유고래가 더
많은 특징을 가졌고 상업적으로도 훨씬 가치가 있다고 한다.
이마는 세상에서 가장 효율적인 자연 망치로서 소설 말미에서
의 사건들을 미리 암시한다. 고래의 눈은 작고 속눈썹이 없는
망아지의 눈을 떠올리게 한다. 고래의 눈은 머리의 양쪽에 하
나씩 있기 때문에 세계에 대한 두 개의 분명한 그림을 틀림없
이 동시에 얻을 것이다. 이분법적인 시각은 삶에 대한 이슈마
엘의 맨 처음 견해와 들어맞는 것이다. 그는 어떻게 고래가 두
개의 경치를 혼합하는지 궁금하다. 귀는 깃펜을 겨우 올려놓
을 정도로 작다. 향유고래의 귀는 바깥쪽이 열려 있고, 참고래
의 귀는 피막으로 덮여 있다.

78장은 흥미로운 문학적 장치가 특징이다. 머지않아
이슈마엘이 향유고래에게 더 관심을 갖게 되는 것이 분
명하다. 향유고래의 머리는 귀한 경랍 기름을 500갤런까지 채
우고 다닐 수 있다는 특이한 사실에 즐거워한다. 그 속에 빠져
죽을 뻔하다 퀴케그에게 구조된 태슈테고의 모습은 논지를 실
감나게 보여주기 위해 극적인 사건을 이용하는 예다. 또한 극
도로 건조할 수 있는 화제의 단조로움을 깨는 기능도 한다.

Chapter 81
피쿼드 호, 버진 호와 만나다

항해를 계속하면서 피쿼드 호는 곧 데릭 드 디어라는 선장이 이끄는 독일 포경선 융프라우 호(이하 버진 호)와 마주친다. 버진 호는 고래를 사냥하지 못해서 자체적으로 사용할 기름마저 절실한 상황이다. 버진 호는 백경을 만나지 못했다. 에이허브는 실망하지만 기름을 공급해 준다. 데릭 선장이 자기 배로 돌아가기도 전에 고래 무리가 목격된다. 양쪽 선원들은 추격에 나서지만 결과는 실망스럽다. 버진 호 선원들은 긴수염 고래를 쫓는다.

피쿼드 호가 갖는 갬은 대개 좌절감을 안겨주거나 실망스럽다. 에이허브는 모비딕에 대한 정보에만 관심이 있다. 상대 배가 백경을 만나지 못했으면, 즉 그 선장이 다른 것에 대해 말하고자 하면 에이허브는 가능한 한 빨리 떠나려고 한다. 융프라우 호와의 의사소통은 언어 장벽 때문에 보통 때보다 더 부자연스럽다. 일부 비평가들은 이 상황이 에이허브와의

의사소통이 그만큼 어렵다는 것을 상징한다고 본다.

융프라우는 '젊은 여성'을 의미하는 독일어인데, 멜빌은 '처녀(virgin)'로 번역한다. 경험이 없다는 의미에서 그 배는 처녀다. 이슈마엘의 말처럼 그것은 '깨끗하다'. 기름이 떨어졌는데 아직 첫 고래를 잡지 못한 것이다. 독일 배의 선장과 선원들은 애처롭게도 포경 경험이 없다. 에이허브의 선원들은 손쉽게 독일 선원들을 제치고 무리 속에 있던 고래 한 마리를 잡지만 병에 걸린 듯한 그 향유고래는 곧 바다 밑으로 가라앉아버린다. 경험이 없는 독일인들은 그때 순진하게도 긴수염고

래를 뒤쫓는데, 물기둥이 비슷해서 향유고래와 혼동하기도 한
다. 노련한 고래잡이라면 긴수염고래는 너무 빨라서 잡을 수
없기 때문에 추격하지 않는다. 경험이 많은 에이허브의 선원
들은 단념한다. 데릭 선장은 추격을 독려한다. 이 장의 끝에서
이슈마엘은 이 소용없는 추격을 논하면서 특별한 상황이 암시
하는 한 가지 보편적인 사실을 이끌어낸다. "오! 세상에는 긴
수염고래도 많고, 데릭 같은 친구 또한 많다네."

Chapters 82-86

**포경의 명예와 영광 | 요나에 대한 역사적 고찰 |
창던지기 | 분천 | 꼬리**

이슈마엘은 포경이라는 직업과 고래학의 특정 측면들을 논한다. 그는 역사와 전설이 그 명예를 뒷받침해 주는 고래잡이 형제들 사이에 있다는 것이 기쁘다. 또 요나 이야기의 역사적 가능성을 옹호하며, 고래 사냥의 한 양상을 논하고, 고래에 대한 두 가지 중요한 부분을 생각한다.

한 번 더 이슈마엘은 피쿼드 호의 원정을 이해하는 데 중요하다고 느끼는 고래잡이와 고래학의 측면들을 논하기 위해 이야기를 중단한다. 현대 독자들은 동의하지 않을지 모르지만 이슈마엘은 포경 선원이라는 사실에 상당한 자부심을 느낀다. 그는 헤라클레스와 요나, 심지어는 힌두신 비시누 같은 위대한 인물들이 고래와 연관되어 있다는 것을 독자들이 알기를 바라며, 성 조지가 용이 아니라 고래와 싸웠다고 확신한다. 물론 요나가 살아났다는 것은 논외로 하더라도 그가 고래 뱃

속으로 들어가는 것조차 어려운 일이라며 요나 이야기를 도외
시하는 사람들은 핵심을 놓치고 있다고도 말한다. 요나는 고
래의 입 속 어딘가에 잠시 들어가 있었을 수도 있지 않았겠는
가! 이 부분에서 나타나는 경박한 어조에 유의하자. 멜빌은 얼
토당토않은 접근법을 즐기고 있는 것이다.

창던지기를 시작하면 부상당한 고래는 견뎌내기가 힘
들다. 작살을 맞은 고래가 잠수하지 않고 바다 표면을 따라 달
리면 작살잡이는 창으로 치명적인 상처를 줄 수 있다. 이 창
은 12피트 길이의 강철과 나무로 만들어져 작살보다 길고 가
벼우며 조작이 쉽고 던진 후 재빨리 거둬들일 수 있도록 길고
가벼운 로프에 연결되어 있다. 따라서 사냥꾼이 고래에게 창
을 계속 던지면 부상으로 점점 힘을 잃다가 죽게 되는 것이다.

물뿜기와 꼬리는 특히 이슈마엘의 흥미를 끈다. 그 속
에서 신비와 장엄함을 보는 것이다. 분수처럼 보이는 물뿜기
는 어떻게 일어나는지 헤아릴 수가 없어 그에게는 수수께끼가
아닐 수 없다. 그것은 호흡과 관계가 있는 듯한데, 아가미나
코가 없고 입은 수면에서 몇 피트 아래에 있기 때문이다. 꼬
리는 다섯 가지 기능을 한다. 즉, 앞으로 나아가기 위한 지느
러미이며 전투할 때의 철퇴, 촉감의 중심, 물을 강력하게 찰싹
칠 때 재미나는 진동 기구이자 잠수를 돕는 실용적인 도구다.
많은 특징의 비밀들이 풀리지 않고 있지만 기능을 밝히기 위해
여러 측면을 연구해야 한다고 이슈마엘은 결론짓는다.

Chapters 87-90

거대한 무적함대 | 학교와 교사들 | 잡힌 고래, 놓친 고래 | 머리냐 꼬리냐

피쿼드 호가 인도양을 떠나 중국해로 가기 위해 순다 해협(수마트라와 자바를 가르는)으로 진입할 때 이슈마엘은 무리로 이동하는 고래의 습관과 고래들이 어떻게 집단생활을 이끌어가는지 논한다. 이어 영국의 이상한 소유권과 포경 산업에 적용하는 몇 가지 재산법을 생각해 본다.

고래들이 종종 이 지역에서 '거대한 무적함대'라고 불리는 무리를 지어 이동하기 때문에 이슈마엘은 그 무리의 구조에 대해 이야기할 기회를 갖는다. 무리는 두 가지 부류가 있다. 한 무리는 완전히 성장했을 때 평균 수컷의 약 3분의 1 크기인 암컷들로 구성되고, 힘센 수컷 '가장'이 그것들을 거느린다. 수컷의 역할은 생식(生殖)과 암컷 보호, 그리고 자기 자리를 빼앗으려고 드는 어린 수컷들을 물리치는 것이다. 수컷은 너무 늙어서 암컷 무리들을 지킬 수 없을 때까지 군림하다

가 쫓겨나 남은 삶을 고독 속에서 끝마치게 된다. 또다른 유형
은 암컷 무리를 갖지 못한 젊은 수컷들로 구성된다. 이들은 완
전히 성장하지 않은 상태로 암컷들보다 몹시 공격적이고 위험
하다. 그들은 성숙한 고래의 4분의 3 정도의 크기가 되면 무
리를 떠나 자신의 암컷 무리를 찾는다. 이슈마엘은 고래 무리
들 속에서 한 가지 중요한 차이를 발견한다. 만약 암컷이 부상
을 입으면 무리의 다른 암컷들이 같이 모여들어 있다가 때때
로 같은 운명에 처해지기도 한다. 하지만 젊은 수컷이 다치면
수컷들은 즉시 버리고 만다. 이슈마엘은 여기서도 인간과 일
치하는 성(性)의 경향이 나타난다고 생각한다.

문체 탐색 피쿼드 호는 무적함대에서 고래를 한두 마리밖에 잡지
못하지만 이슈마엘은 투명한 물 밑에서 펼쳐지는 놀라
운 장면(87장 끝 부분)을 포함해서 그 모험을 상세히 묘사한다.
여러 어미들이 어린 새끼를 사냥꾼들의 바로 아래에서 양육하
고 있다. 몇몇 어미와 새끼들은 위의 인간들을 똑바로 보고 있
는 것 같다. 아래를 내려다보던 퀴퀘그가 탯줄을 작살 줄로 혼
동한다. 자연의 아름다움과 포획이란 냉엄한 현실이 대비되는
생생한 모습이라고 하겠다.

이슈마엘은 그 포획에서 잡은 고래의 재산권에 대해 논
할 필요가 있다는 것을 상기하게 된다. 그것은 아주 단순하다.
잡은 고기란 배에 매어져 있거나 보트에 타고 있는 선원이 소
유하고 있거나 그것을 매달고 있는 사람들 것이다. 놓친 고기

란 비록 그것이 어떤 사람의 작살을 달고 다닌다고 해도 누구
나 잡을 수 있는 사냥감이다. 이것은 이슈마엘을 재산권에 관
한 기이한 논의로 이끈다. 영국 해안에서 잡힌 고래는 선원의
것이 아니다. 머리는 왕에게, 꼬리는 왕비에게. 고래는 머리와
꼬리 외에는 남는 게 거의 없기 때문에 고래잡이에게 돌아가
는 것은 하나도 없다.

Chapters 91, 92
피쿼드 호, 로즈버드 호를 만나다 | 용연향

무적함대(고래 무리)와 만난 지 한두 주 후 피쿼드 호는 부통 드 로즈(장미 봉우리란 뜻, 이하 로즈버드)라는 악취가 심한 프랑스 배를 만난다. 냄새는 배에 매어져 있는 두 마리의 고래에서 나는 것인데, 무적함대의 일원이자 이전에 피쿼드 호 선원들에게 치명적 부상을 입었던 것들이다. 죽은 지 오래된 것들이 분명했다. 스텁이 그 배로 가서 통역관을 통해 프랑스 선장에게 말한다. 로즈버드가 떠나자 스텁은 자기 보트로 작은 고래를 끌고 가 그 속에서 귀한 물질을 찾는다. 에이허브는 로즈버드가 모비 딕을 보지 못했기 때문에 그 일에는 거의 관심이 없다.

문학적 장치 멜빌은 향기로운 이름을 가진 로즈버드 호와의 갬을 묘사하면서 문학적인 역설을 구사한다. 배의 이름과 선장의 경력, 스텁과 선장의 교류, 용연향의 본질은 역설적이다. 각각의 경우, 사실은 종종 기대와는 반대로 놀라운 것이다.

우선 그 배는 프랑스 배다. 그리고 이름은 어떤 대륙적 분위기의 낭만뿐만 아니라 문학적으로도 매력적인 향기를 지닌 아름다운 꽃을 떠올리게 한다. 그런데 두 마리의 썩어가는 고래가 매달려 있어 배를 보기도 전에 심한 악취부터 맡게 된다. 선장은 첫 항해를 하는 신참으로 향수 제조에 종사했던 사람이며, 오래 전에 이 고래들을 잘라버리거나 애초에 가져오지 말았어야 했다.

스텁은 그 상황을 즐기지 않을 수 없다. 그는 그 배의 한 영국인을 통해 선장을 무자비하게 조롱한다. 예를 들어, 그는 선장을 '포경선을 지휘하기에는 원숭이나… 매일반'이라고 생각하고 '기만했다'고 말한다. 통역자는 선장에게 스텁이 훌륭한 충고를 한다고 전한다. 그 고래들을 잘라버리라고.

용연향의 출처도 역설적이다. 노란색 또는 잿빛의 '미끈미끈하고 향기로운' 귀한 물질로, 향수, 좋은 냄새가 나는 초, 요리, 그리고 클라레(프랑스의 보르도 산 적포도주)의 풍미를 내는 데 사용하는 용연향이 발견되는 곳은 '고래의 냄새 나는 내장'이다. 스텁은 바다 생활을 오래 했기 때문에 죽은 고래 속에 향기롭고 귀한 용연향이 들어 있을 것으로 추측한다. 스텁은 그 고래를 갈라 여섯 줌을 채취하지만 에이허브가 고집하는 바람에 배로 돌아가고 피쿼드 호는 항해를 재개한다.

Chapter 93
바다를 떠다니는 자

　　용연향을 채취하는 동안 스텁의 맨 뒤 노잡이가 손을 심하게 삐자 이등항해사는 어린 핍을 보트에 배치한다. 핍이 두 번째 바다에 나갔을 때 보트가 고래에 부딪히자 뛰어내려 밧줄에 얽히는 바람에 태슈테고가 밧줄을 잘라 핍을 구하면서 고래도 놓아주어야 하는 일이 생긴다. 스텁은 핍에게 다시는 그러지 말라며, 또 한 번 그러면 바다에 버리겠다고 경고한다. 곧바로 핍은 다시 뛰어내려 상당한 시간 동안 바다에 혼자 남겨진다. 피쿼드 호가 그를 건져올렸을 때는 철저히 변해 있었다.

주제 탐색　이슈마엘은, 대다수 인간의 한계를 넘어서는 이해의 깊이가 있다는 것과 그 깊이를 알게 되면 미친 것처럼 보일 수도 있다는 것을 보여주기 위해 핍의 이야기를 사용한다. 핍은 코네티컷 주 톨랜드 태생(이슈마엘이 27장 끝부분에서 핍을 '앨라배마 소년'이라고 불렀을 때 핍의 인종이나 조상의 고향을 언급한 것으로 추측됨)으로 자유 흑인이라고 한다. 핍

은 밝고 예민하고 친절한 소년으로 천성이 행복하고 태평하다. 이슈마엘은 도대체 어떻게 핍이 고래잡이 같이 혹독한 일에 '걸려들게' 되었는지 의아스럽다. 하는 일 때문에 그의 명민함이 흐려진 것 같다는 이야기도 있다.

핍의 성격을 깊이 알게 되면 그가 보트에서 일으키는 문제를 이해할 수 있다. 핍은 너무 어리고 경험이 부족해서 노잡이가 될 수 없다. 처음에 고래가 보트의 밑을 치자 핍은 놀라고 두려워 밧줄이 널린 바다 속으로 뛰어든다. 보트는 고래를 잃고 만다. 결코 예민하다고 할 수 없는 스텁은 핍에게 고래가 앨라배마 주 같은 곳에서 노예로 팔리는 그 아이 값보다 30배는 비싸다고 말해 준다. 따라서 다시는 그렇게 겁 많은 멍청이 짓을 해서는 안 되며 또 그 짓을 하면 그냥 바다에 버려둘 것이라고 한다.

하지만 핍은 곧 다시 뛰어내려 비슷한 상황에 놓인다. 핍을 버리겠다던 스텁의 말은 진담이 아니고 엄포였을지도 모른다. 그리고 뒤를 쫓는 보트가 아이를 건져줄 것으로 생각했을 수도 있다. 하지만 다른 고래들이 보트들을 흩어 놓는다. 이유야 어찌되었건 핍은 본선에 발견될 때까지 광활한 바다에 혼자 남겨진다. 그는 완전히 딴사람이 되었다. 대부분의 비평가들은 핍이 '천치'가 되었다고 하지만 이슈마엘의 말은 그게 아니다. 핍은 광대하고 무시무시한 바다의 고립 속에서 "하느님의 발이 베틀의 발판에 놓여 있는 것을 보았기 때문에 그렇게 말했던 것인데, 동료 선원들은 그를 미쳤다고 했다.” 그는 그 우주 속에서 인간의 이성적 사고를 터무니없어 보이게 만드는 잔인한 무관심을 목격했던 것이다. 그가 에이허브와 가장 가깝고 유일한 친구가 된다는 사실은 그다지 놀라운 일이 아니다.

Chapters 94-98
손으로 쥐어짜기 | 법의(法衣) | 기름 솥 | 등불 |
쌓아올리기와 치우기

이 다섯 개 장은 고래의 지방을 제거한 후 배에서의 일을 묘사한다.
선원들은 지방에서 기름을 추출하기 위해, 그들이 거둬들인 기름이 내는
밝은 불빛 속에서 수작업과 열기로 작업을 한다. 그들은 기름을 냉각시켜
통 안에 넣어 봉하고 나면 배를 청소하고 자신들의 몸도 닦는다. 그와 같
은 작업과정은 다른 고래를 목격하는 것으로 다시 시작된다.

핍의 고립과 대조적으로 고래 기름을 처리하는 과정에
서 선원들은 유쾌하면서도 직업인다운 공동체적 노력을 함께
한다. 이슈마엘은 고체가 된 고래 기름을 쥐어짜는 일이 즐거
운 작업이라는 것을 알게 된다. 때때로 그의 손은 '따사롭고
다정하며 사랑스러운 느낌'을 가진 동료들의 손과 부딪힌다.
그는 우정을 감지하고 평온함에 압도된다.

그 과정에는 어떤 의식이 스며 있다. 다산(多産)의 의식

과 종교가 뒤섞인 재미난 것도 있다. 길이가 6피트 이상이고 직경이 1피트나 되는 수컷고래의 성기는 잘라서 배로 운반해 껍질을 벗겨낸다. 그 껍질은 말리고 다듬어서 투박한 캐석*모양으로 만들어서, 큰 지방덩어리를 잘게 썰어 솥단지에 넣을 때 작업하는 사람이 입는다. 이것을 종교의식에 비유하여 이슈마엘은 잘게 저미는 사람(mincer)을 '대주교 후보'라고 하는데, 분명히 의도된 말장난이다. 고래의 생식은 포경업의 존속에 필수적이고 상징적으로 명예스러운 작업이므로 이 행사는 농경 사회의 추수 의식이나 다산 의식 가운데 일부와 유사하다.

---

* **캐석**(cassock): 신부나 목사의 평상복으로 길이가 보통 발목까지 오며 검은 색이다.

Chapters 99, 100

스페인 금화 | 다리와 팔

정해진 시간에 뒷갑판을 걷던 선장의 눈이 모비딕의 최초 발견자에게 시상할 주돛에 못 박아 놓은 금화에 멎는다. 다른 몇몇 선원들도 그 동전을 눈여겨본다. 항해를 계속하면서 에이허브는 영국 선박 새뮤얼 엔더비 호에 고함치듯 일상적인 인사를 건넨다. "백경을 보지 못했소?" 이 배는 백경을 본 적이 있다. 실제로 그 선장은 모비딕과의 만남에서 팔을 잃었던 것이다.

초점은 다시 에이허브의 이기주의와 백경에 대한 집착으로 돌아온다. 그와 몇몇 인물들은 주돛에 못 박아 놓고 백경의 최초 발견자에게 주겠다고 약속한 '더블룬(doubloon. 스페인 금화)'에 눈길을 준다. 각자 동전 장식의 의미를 생각하는데, 이때 인물들의 성격이 드러난다. 에이허브만 동전 속에서 자신을 본다.

번쩍이는 스페인 금화는 둥근 가장자리에 "REPUBLICA

DEL EQUADOR: QUITO"라는 글이 새겨져 있고, 표면에는 세 개의 안데스 산봉우리가 있다. 한 봉우리에서는 화염이 나오고, 다른 하나에는 탑이 솟아 있고, 세 번째 봉우리에는 때를 알리는 수탉이 있다. 동전 위를 둥글게 감싼 하늘의 12궁도는 고유의 신비로운 표시로 마무리된다. 태양이 천칭궁에서 나타난다. 멜빌은 이슈마엘의 설명을 중단하고 동전 관찰자 각자의 생각 속으로 이동한다.

동전은 영혼의 거울과 같다. 에이허브는 동전 표면의 루시퍼(마왕)처럼 잔뜩 뻐기는 세 봉우리에서 자신을 본다. 그에게 탑은 에이허브이다. 흔들리지 않고 단호하다. 화산은 에이허브이다. 펄펄 끓고 강하다. 수탉은 에이허브이다. 용맹스럽고 담대하며, 패배를 모른다. 그는 동전이 '마법사의 거울 같다'고 생각한다. 너나 할 것 없이 그 자신만의 신비로운 자아를 비쳐주는 거울.

다른 사람들은 동전을 눈여겨보면서 중하게 여기는 것을 보지만 자신들을 보지는 않는다. 독실한 일등항해사 스타벅은 삼위일체의 상징을 본다. 스텁은 덧없는 부와 불가사의를 본다. 플래스크는 그 금화로 좋아하는 담배를 얼마나 살 수 있는지에 대해 간단한 계산도 제대로 못함으로써 무식을 드러낸다. 퀴퀘그는 자기 문신과 고향 땅을 생각한다. '유령 같은 악마' 페달라는 숭배하는 태양에 절한다. 어린 핍은 은유적으로 말하지만 동전의 이미지 속에서 보편적인 인간의 갈망을 알아채는 것 같다. 이 순간 스페인 금화는 배의 중심, 즉 '배꼽'이다.

　　새뮤얼 엔더비 호와 갖는 갬은 모비딕에 대한 두 선장의 태도를 대비시켜준다는 의미가 있다. 영국 선장은 '적도' 가까이에서 백경에게 팔을 잃었지만 에이허브와는 달리 더 이상 그 거대한 고래를 원치 않는다. 백경을 내버려두는 것이 최상인 것이다. 에이허브는 "내버려두는 게 제일 좋겠지요. 허나 그 저주스러운 놈이 항상 마음을 끌어당기니. 놈은 그야말로 자석 같단 말이요!" 피쿼드 호는 곧 선장의 편집광적인 원정을 계속하기 위해 그 자리를 떠난다.

Chapters 101-105
술병 | 아사사이디즈 섬의 나무 그늘 | 고래뼈 측량 |
화석 고래 | 고래는 줄어들고 있는가, 멸종할 것인가?

영국 배의 이름 때문에 포경의 역사와 미래, 향유고래의 여러 가지 신체적인 면에 대해 이슈마엘의 생각이 고정된다. 직접 새끼 향유고래를 해체해 본 적이 있고, 한 번은 남서 태평양의 아사사이디즈 섬 가운데 하나에 갔을 때 성숙한 고래 뼈에 대해 연구한 적도 있었다.

고래학의 일부인 포경의 역사는 이슈마엘에게 중요하다. 다시 그는 독자들이 이런 화제를 진지하게 받아들일 것과 피쿼드 호 이야기를 그 내용과 관련짓기를 바란다. 이슈마엘은 시야에서 막 사라지고 있는 영국 배를 바라보며 배와 같은 이름을 가진 새뮤얼 엔더비를 떠올린다. 그는 고래처리장을 운영했던 런던 상인이며, 1775년에 정기적으로 향유고래를 사냥하는 영국 선박들에 최초로 장비를 장착했던 사람이다. 하지만 미국인들, 특히 낸터컷 출신들은 1726년부터 이 사업을 활발하게 해왔다. 방금 이야기했던 갬이 있은 지 수년 후 이슈마엘은 새뮤얼 엔더비 호를 방문해 풍성한 음식과 술을 즐긴다. 이 일은 이슈마엘이 죽지 않고 살아남는다는 또 하나의 암시다.

이슈마엘은 고래 사냥과 거대한 고래 자체의 대단함을 독자가 이해하기를 바라는 마음에서 포경선의 인상적인 보급품 목록을 전한다. 그는 직접 새끼 고래를 해체해서 아사사이디즈 군도의 원주민들이 제단(祭壇)으로 사용한 고래뼈를 자세히 연구했고, 잊기 않기 위해 팔에다 고래뼈의 치수를 문신하기까지 했다. 그는 고래학의 여러 측면들을 존중하지만 길이가 700피트 이상으로 추정되는 고래들에 대한 보고에 대해서는 회의적이다. 세계 최대의 고래는 길이가 약 90피트 정도이고 무게는 90톤 이상이라는 것이 그의 생각이다. 이슈마엘은 북미 일부 지역에서 버팔로가 멸종했다는 사실을 알고 있으면서도 고래의 멸종을 미심쩍어한다. 고래는 광대한 바다에서 사는 이점 때문에 사람들이 그 대부분을 뒤쫓아 잡을 수는 없다는 것이다. 이슈마엘은 기술의 발달을 예측하지 못했다.

Chapters 106-108
에이허브의 다리 | 목수 | 에이허브와 목수

새뮤얼 엔더비 호에서 갬을 한 후 자기 보트에 오른 에이허브는 의족이 쪼개져 피쿼드에 타고 있는 목수를 부른다. 목수는 기술이 많은 사람이지만 개성은 별로 없다. 에이허브는 다른 사람들, 특히 목수에게 육체적으로 의존해야 하는 것이 좌절스럽다.

의족의 절단을 계기로 이슈마엘은 독자에게 선장의 성격을 더 많이 알려준다. 새뮤얼 엔더비 호의 선장은 외다리인 에이허브의 승선을 돕기 위해 갈고리를 낮추었다. 영국 배가 떠날 때 에이허브는 너무 빨리 내리다가 자신의 보트에 부딪히는 바람에 의족을 부러뜨린다. 그는 다리 문제로 성가시다. 아무에게도 전혀 기대고 싶지 않은 그는 이를테면, 재정적 독립을 언급하지만 육체적 자아는 극복할 수 없는 한계를 지니고 있다. 그는 좌절하고 분노한다.

108장은 소설 속의 또 다른 드라마로 배경과 무대 지시,

대사, 방백(傍白)으로 완결된다. 등장인물은 목수와 에이허브이다. 배에 탄 목수는 하는 일이 많다. 그의 기술은 목재 작업에만 국한되지 않는다. 그는 아주 유능하며, 응급의사와 치과의사 노릇도 하지만 개성은 없는 것 같다. 그가 에이허브와 함께하는 장면은 재미나다. 목수가 무신경하고 세속적인 반면, 선장은 철학적인 방종의 비행기를 타고 높이 솟아오르지만 목수가 다듬고 있는 고래 뼈에서 나온 먼지로 인한 산발적인 재채기 때문에 중단된다. 에이허브는 삶의 많은 부분이 성가시다는 것을 알게 된다. "오, 삶이여! 여기 그리스 신처럼 의기양양한 내가 뼈를 지탱해서 서야 하기 때문에 이 돌대가리에게 채무자 신세가 되다니!"

Chapter 109
선장실의 에이허브와 스타벅

다음날 아침, 스타벅은 화물칸에 있던 몇 개의 통에서 기름이 새는 것을 알아챈다. 그는 선실에서 에이허브를 발견하지만 해도를 뚫어지게 보면서 그에게는 전혀 관심을 보이지 않는다. 스타벅은 통을 살펴보기 위해서는 배를 멈추고 필요하면 무슨 수리든 해야 한다고 제의한다. 에이허브는 피쿼드 호의 임무는 모비딕을 추격하는 것이라고 고집하며 머스킷 총으로 위협해 내쫓는다. 그 후 곧바로 마음이 누그러진 에이허브는 배를 세워 수리하라고 명령한다.

통의 저장 문제로 스타벅과 에이허브가 직접적인 대결에 돌입함으로써 그들을 더 깊이 들여다보게 된다. 일주일에 두 번 피쿼드 호 같은 포경선은 상당량의 기름을 가지고 다닌다면 통들을 '축축하게 꽉' 막기 위해 화물칸에 바닷물을 채운다. 물 속에서 기름이 발견되면 뱃사람들은 통이 샌다는 것을 알 수 있다. 배의 화물칸에서 기름이 새는 것을 발견한 스타벅은 선장에게 보고하고 배를 세워 선원들에게 조사와 수리를 지시하도록 허락해 달라고 요청한다.

 이 문제로 일등항해사와 선장의 항해 목적이 완전하게 대비되며 드러난다. 스타벅은 화물칸을 기름으로 채우고 그것을 지켜 고향으로 돌아가길 바란다. "2만 마일이나 항해한 끝에 얻은 것이니 소홀히 할 수 없습니다"라고 하자, 에이허브는 "암, 그렇구말구. 그놈을 잡게 된다면 그래야겠지." 스타벅은 기름을 말한 것인데 에이허브는 백경을 말하고 있다. 스타벅은 선장에게 선주들의 이익을 상기시킨다. 에이허브는 선주들에 대해서는 개의치 않는다. 그는 장전된 총을 일등항해사에게 겨누고 '지상을 주재하는 단 하나의 신이 있듯 피쿼드 호를 주재하는 선장은 하나'라며, 갑판으로 돌아가라고 명령한다. 일등항해사는 "에이허브가 에이허브를 경계하도록 하십시오. 선장님, 자신을 경계하시란 말씀입니다"라는 말을 남기고 그곳을 나선다. 에이허브는 그 점을 생각하고 동의한다. 이유야 어찌되었건 곧 갑판으로 가서 배를 세우고 수리하라고 명령한다. 이슈마엘은 선장의 행동이 스타벅의 불만에 대한 신중한 반응일지도 모른다고 추측한다.

에이허브는 스타벅이 갑판으로 돌아가라는 명령에 복종하자 안심하는 것 같다. 아무리 집착에 사로잡혀 있다고 해도 그는 선주들의 지시를 따르지 않고 자신의 목적을 위해 배를 불법적으로 이용하면 권리 침해로 비난받을 수 있다는 것

을 알고 있다. 반면, 스타벅에게는 두 가지 선택밖에 없다. 선
장의 명령에 따르거나 배의 접수를 시도하는 것. 후자는 선원
들의 지지를 확신한다고 해도 과감하고 지극히 위험한 선택이
다. 반란에 대한 정당화는 입증하기 어려울 것이고, 유죄로 판
명되면 처벌이 가혹할 것이기 때문이다. 통을 수리하라는 에
이허브의 결정은 한동안 상황을 현명하게 해결한다.

Chapter 110
관 속의 퀴퀘그

퀴퀘그는 화물칸에서 통들을 치우느라 축축한 습기 속을 기어 다니다 오한 끝에 열이 난다. 체중이 빠지고 거의 죽을 것 같다. 낸터컷에서 고향 섬에서 쓰던 것들을 연상시키는 통나무배 관을 본 적이 있던 그는 배의 목수에게 하나 만들어달라고 부탁한다. 퀴퀘그는 관의 치수를 재면서 기뻐하다가 문득 육지에서 못 다한 사소한 의무를 생각해내고 병을 이겨내기로 마음먹는다. 퀴퀘그는 관을 사물함으로 사용한다.

이야기는 가장 힘센 선원 하나가 중병에 걸리자 죽음의 주제로 돌아간다. 작살잡이 퀴퀘그는 화물칸 일을 맡게 된다. 새는 통들은 화물칸 밑바닥 가까이에 있고, 그것들을 찾는 사이 열병에 걸린다. 낸터컷에서 보았던 선원용 통나무배 관은 그 작살잡이에게 원주민들 사이의 의식을 떠올리게 한다. 고향 섬에서는 죽은 사람들에게 향료를 뿌린 후 통나무배에 실어서 바다에 띄우면 물결치는 대로 떠다니다가 별들 사이를 표류하게 된다고 믿는다. 각각의 별은 하나의 섬이고, 하늘은 바다다. 퀴퀘그의 갑작스런 회복은 대부분의 선원에게는 놀라운 일이지만 정작 그에게는 아무렇지도 않다. 사람이 죽을 생각을 갖지 않는다면 병이 사람을 죽일 수는 없으며, 오로지 허리케인이나 고래 같은 파괴적인 힘만이 사람을 죽일 수 있다는 것이다.

죽어가는 퀴퀘그를 찾아간 핍이 삶과 죽음은 여행이며 자기와 퀴퀘그를 방랑자, 아마도 길 잃은 영혼이라고 말할 때 그의 '광기'가 지닌 아름다움이 감동적으로 그려진다. 핍이 퀴퀘그에게 묻는다. "불쌍한 방랑자여! 당신은 이 모든 힘든 방랑을 결코 끝내지 못할까요? 지금 어디로 가시나요?" 소년은 3인칭으로 자신의 이전 자아에 대해 말하면서 부탁한다. 만약 퀴퀘그가 앤틸리스 열도를 지나다가 오래 전에 실종된 핍을 찾아낸다면 그 핍을 위로할 수 있을까? 핍은 탬버린을 두고 왔기 때문에 틀림없이 슬프다. 핍은 겁쟁이였고 고래 보트에서 뛰어내려 오래 전에 익사했다. "릭어딕, 딕, 딕!… 어린 핍, 그는 겁쟁이로 죽었다. 너무 떨어서 죽었다."

멜빌은 다시 인물을 깊이 들여다보기 위해 대비를 사용했다. 퀴퀘그는 죽음에 대해 무덤덤하다 못해 거의 희극적이기까지 하다. 핍은 시적이며 감동적인데, 그의 마음 상태를 나타내는 구절은 정통을 벗어난 문장구조다.

Chapters 111-114
태평양 | 대장장이 | 풀무 | 도금사

피쿼드 호가 태평양의 아름다운 신비 속으로 들어가자 이슈마엘은 대부분의 선원들이 이 광활한 바다에서 평온함을 발견하는 이유를 이해하게 된다. 에이허브의 경우는 그렇지 않다. 그의 목적은 백경과의 만남을 준비하면서 한층 강해진다. 선장은 대장장이 퍼드에게 특히 강력한 작살을 만들어달라고 요구한다. 우리는 퍼드의 비극적 배경에 대해 알게 되고 에이허브의 새 무기에 대한 악마적인 세례를 목격한다.

짤막한 이 장들에서는 에이허브와 모비딕의 막판 대결을 향해 마지막 이동을 시작한다. 태평양의 평온함은 백경이 아주 가까이 있다고 느낄 때 격동하는 선장의 마음과 대조된다. 에이허브는 대장장이 퍼드에게 연민을 느낀다. 그에게서 상처 입은 인간 친구를 보는 것이다. 60세인 퍼드는 젊고 '딸 같은' 아내와 안락한 집, 행복하고 건강한 세 아이를 가진 성공한 공예가였다. 우리는 그의 삶이 악한 영혼을 해방

시키는 '호리병 마술사' 때문에 망가졌다는 것을 알게 된다. "그 운명의 마개가 열리자마자 악마가 튀어나와 그의 집을 시들게 했다." 퍼드는 일에서 실패했다. 그의 부인은 죽었다. 이슈마엘의 표현을 빌리면 "길게 자란 교회 마당의 풀 속으로 깊숙이 뛰어들었다." 두 자녀도 그녀를 따라갔다. 퍼드는 어느 혹독한 겨울밤에 동상으로 발가락을 포함해 모든 것을 잃었고, '걸음걸이는 한쪽으로 치우치게' 되었다.

에이허브의 음침한 동기는 퍼드에게 경주마의 편자에서 나온 강력한 쇠못으로 강한 작살을 만들게 하면서 더욱 선

명해진다. 선장이 세 명의 이교도 작살잡이에게 피로 작살 끝
에다 '진짜 죽음의 담금질'을 해달라고 요구한다. 사탄을 기쁘
게 할 세례의식에서 에이허브는 갈고리에 그 피를 묻히고 라
틴어로 말한다. "주의 이름으로가 아니라 악마의 이름으로 세
례를 주노라!"

Chapter 115
피쿼드 호, 배첼러 호를 만나다

에이허브의 작살이 만들어지고 난 몇 주 후 피쿼드 호는 배첼러라는 낸터컷 배를 만난다. 기름으로 만선하고 고향으로 향하는 배였다. 배첼러 호 선원들은 뽐내면서 성공을 축하하고 있고, 두 명의 선장은 아주 다른 의견을 간단히 나눈다.

문학적 장치 → 배첼러 호와의 일화는 대비와 상세한 묘사를 효과적으로 보여준다. 배첼러 호는 선원들과 선장이 노련하고 항해를 성공적으로 마친 포경선이란 점에서 버진 호와 대비된다. 능력 외에도 행운의 축복을 받아, 버진 호를 연상케 하는 같은 해역의 다른 배들이 고래 한 마리 잡지 못하고 수개월을 보내는 동안 배를 기름으로 가득 채웠던 것이다. 배첼러 호의 화물칸은 향유고래 기름통으로 미어터지고 있었다. 공간을 더 많이 확보하기 위해 단축된 조업으로 불필요해진 몇 배럴의 식량은 그냥 쥐버리거나 여분의 통과 교환했다. 몇 배럴의 기름은 갑판 위, 상급선원의 선실, 심지어는 선장실까지 늘어서 있었고, 더 많은 공간을 확보하기 위해 상급선원들의 식탁을 꺼내 태웠다. 선원들은 더욱더 많은 기름을 넣기 위해 사물함의 틈을 메우고 역청을 칠해 통으로 임시변통했다. 요리사는 제일 큰 솥단지에 기름을 채웠고 급사는 여분의 커피 주전자에 채웠다고 누군가가 농담을 한다. 선장의 바지 주머니만 빼고 모든 것이 기름으로 채워졌다고 이슈마엘은 말한다.

더욱 중요한 것은 피쿼드 호와의 대비다. 배첼러 호는 기름을 채취해 안전하게 고향 낸터컷으로 귀항하는 본래 임무에만 전념하는 행복한 배다. 선상 분위기는 가볍고 흥청망청 떠들썩해서 모비딕을 쫓는 어두운 목적의 불길한 피쿼드 호와 상반된다. 배첼러 호는 뒤에서 바람을 맞으며 순조로운 항해를 하지만 피쿼드 호는 바람과 싸운다. 멀리서도 의기양양하고 즐겁게 온갖 빛깔의 신호기며 국기들을 펄럭이는 배첼러 호 선상의 축제를 알아보기란 어렵지 않다. 돛대 꼭대기에 있는 사람들은 빨간 장식 리본을 달고 있다. 기름통들이 전리품으로 돛대와 망보는 기둥에 매어져 있다. 더 이상 고래를 찾을 필요가 없는 것이다. 마지막으로 잡은 고래의 아래턱이 뱃머리의 돛을 받쳐주는 둥근 기둥에 매달려 있고 고물에는 보트가 거꾸로 매달려 있다. 앞갑판에서는 북 소리가 나고, 음악에 맞춰 폴리네시아 섬에서 도망친 올리브 빛 살결의 처녀들과 춤을 추기도 한다. 더 이상 기름을 짤 필요가 없기 때문에 경

유정제소도 해체되었다.

두 선장의 대조적인 태도가 가장 두드러진다. 쾌활하고 친절한 배첼러 호의 지휘자는 에이허브에게 한잔 하러 오라고 초청한다. 에이허브는 이를 악물고 초대를 무시하며 당연히 "백경을 보지 못했소?"라고 묻는다. 상대편 선장은 그 고래에 대해 들어보기만 했지 믿지는 않는다고 답한다. 에이허브는 현실적이고 성공한 배첼러 호 선장이 속설이라고 생각하는 그것을 죽이는 일에 집착하며, 상대 선장이 '빌어먹을 정도로' 너무 바보같이 쾌활하다며 중얼거린다. "멍청이, 엄청 친한 척하는구먼!" 배첼러 호의 키잡이는 "만선으로 귀항하는 길이오"라고 알려준다. 에이허브의 노골적인 반응에서 두 배의 대비가 여실히 드러난다. "당신은 만선이라 고향으로 간다고 했겠다. 내 배는 텅텅 비었으니 고향에서 먼 쪽으로나 가봐야겠소."

Chapters 116-119
죽어가는 고래 | 고래 불침번 | 천문관측기 | 초

: 줄거리

배첼러 호의 행운이 피쿼드 호로 옮겨진 것 같다. 고래를 하루에 네 마리나 잡은 것이다. 에이허브의 보트는 고래 한 마리를 지키기 위해 밤새 나가 있다. 그동안 페달라는 에이허브에게 중요한 예언을 한다. 피쿼드 호가 적도를 향해, 그리고 모비딕과의 예견된 만남을 향해 나아가면서, 에이허브는 사분의(四分儀)가 겨우 자기 위치만 알려줄 뿐, 자기가 가야 할 곳과 그보다 더 중요한 모비딕의 위치는 알려주지 않는다고 불평하며 부숴버린다. 배는 태풍을 만나지만 에이허브는 굴복하지 않는다.

: 풀어보기

고래를 네 마리나 잡았음에도 불구하고 피쿼드 호에서는 어둡고 불길한 분위기, 파멸의 느낌이 커지고 있다. 에이허브는 낮에 배로 가져갈 수 없었던 고래 한 마리를 지키느라 자신의 개인 선원들과 보트에서 밤을 새면서 페달라에게 반복되는 장의마차 꿈을 말해 준다. 정체불명의 페달라는 비밀스런 예언을 상기시켜준다. 에이허브가 죽는다면 장의마차나 관 같은 것은 쓸모 없고, 이번 항해에서 죽기 전에 바다에서 두 대의 영구차를 반드시 보게 될 것이다. 하나는 인간의 손으로 만들어진 것이 아니고, 다른 하나는 미국에서 자란 목재로 장식되어 있다. 그가 에이허브보다 먼저 죽는데, 나중에 선장의 안내자 역할을 할 것이다. 끝으로 삼베 밧줄만이 에이허브를 죽일 수 있다. 선장은 처음에는 재미있어 하다가 이내 혼란스러워한다. 어떻게 바다에 영구차가 있을 수 있는가? 또 어떻게 밧줄에 자신이 죽을 수 있다는 말인가? 교수대 같은 것인가? 아냐, 이 예언이 실현되려면 에이허브는 영원히 살아야 한다. 그는 '모비딕을 죽이고 그보다 오래 살아남을 것'이다.

태풍이 불어와 에이허브의 맹위에 도전하며 그의 성격에 대해 더 많은 것을 드러낸다. 선원들은 폭풍에서 벗어나기를 바라지만 에이허브는 맞서 싸울 것을 고집한다. 그가 자연의 힘에 대해 보이는 반응은 반항이다. 에이허브의 긴 흉터는 번갯불로 인해 생긴 것이지만, 벼락을 맞아 세 개의 돛대에 불꽃이 붙었어도 그는 위축되지 않는다. 그는 작살에 불이 붙자 자기 위치를 이탈하는 선원은 찔러죽이겠다고 위협한다. 스타벅이 에이허브에게 말한다. "하느님, 하느님이 당신을 반대하고 계시는 겁니다, 선장. 그만두시오! 이것은 사악한 항해입니다." 에이허브는 꼿꼿이 선 채 선원들에게 백경을 잡겠다고 했던 맹세를 상기시킨다. 그리고 끝으로 '마지막 두려움을 날려버릴 것'을 주장하고는 단숨에 작살의 불꽃을 꺼버린다.

Chapters 120-124
첫 불침번이 끝날 무렵의 갑판 │ 한밤중 – 앞갑판의 방파벽 │ 심야의 돛대 위 – 천둥과 번개 │ 머스킷 소총 │ 나침

태풍이 계속되는 데도 에이허브는 고집을 굽히지 않는다. 선원의 대표자 스텁은 선장의 의도대로 일을 처리한다. 자정을 몇 시간 넘기자 폭풍이 현저히 수그러든다. 변화가 있으면 보고하라는 선장의 명령에 따라 스타벅은 에이허브가 잠든 선장실로 향한다. 그는 선장을 살해하고 광기를 종식시킬 기회라고 생각하지만 행동에 옮기지 못한다. 다음날 아침 폭풍은 지나갔지만 배의 나침반이 고장나버렸다. 그는 망상적인 권세를 의기양양하게 드러내며 새것을 만든다.

문체 탐색 이 가운데 어떤 장에서 멜빌은 드라마 형식으로 돌아와 무대 지시, 대사, 독백, 희극적 분위기가 있는 장면을 제시한다. 밤새 폭풍의 진행과 선원들의 반응을 상세히 묘사하는 대신 중요한 행동만 짧게 발췌해 이야기를 진행시킨다. 독자는 피쿼드 호의 모든 선원을 하나로 만들어 모비딕을 잡는 단 한 가지 목적을 향해 매진하는 데 필요한 마지막 단계를 겪는 과정을 보면서, 그 폭풍을 에이허브의 정신적 동요나 해결이 힘든 목적을 상징하는 것으로 생각할 수도 있다.

120장에서 중간 주돛을 내려 태풍의 힘에 굴복하도록 스타벅이 에이허브에게 호소하면서 두 사람의 갈등은 계속된다. 에이허브는 자신이 자연, 심지어는 하느님과 운명적인 대결을 하고 있는 것으로 보고 단호하게 거부한다. "일체 내리지 마라. 그것을 단단히 매라 … 돛대와 용골로! 나를 소형 해안 연락선의 꼽추 선장쯤으로 아는 모양이군." 선원들의 대표인 스텁은 에이허브의 뜻에 따라 위험을 무릅쓰고 명령을 이행한다.

자정 이후 폭풍이 잦아들자(123장) 에이허브는 선실에서 잠을 청한다. 선장을 깨우러 갔다가 진실의 순간에 직면한 스타벅은 도덕적인 진퇴양난에 빠져 독백한다. 한때 에이허브가 자기를 겨냥했던 머스킷 소총의 방아쇠를 당기면 한 사람의 목숨은 빼앗지만 광기를 끝내고 아내 메리와 아들도 다시 볼 수 있게 된다. 그러나 행동을 취하지 않으면 자신과 선원들은 일주일 내에 모두 죽을지도 모른다. 일등항해사는 '천사와 씨름'을 하고 있는 것 같다. 결국 그는 선장을 죽이지 못한다. 그 일이 좋든 나쁘든 스타벅의 도덕적 능력을 넘어선 일이다. 스타벅은 선장을 깨우지 않고 갑판으로 돌아온다. 이렇게 해서 그도 역시 선장의 뜻을 따르게 된다.

Chapters 125-127
측정기와 측정선 | 구명부표 | 갑판

에이허브는 배의 방향과 속도를 가늠할 수 있도록 오래되고 고장 난 기계를 대신해서 목수에게 측정기와 측정선을 함께 연결하도록 한다. 선장을 도우러 온 핍이 에이허브를 광기와 상실감으로 감동시키자 선장은 아이를 보호하게 된다. 주돛에서 떨어진 선원이 낡은 구명부표가 뜨지 않아 익사한다. 목수는 퀴퀘그의 관으로 부표를 만든다.

에이허브가 배의 운명을 사적으로 통제하는 상황은 측정기와 측정표의 대체를 통해 더욱 뚜렷이 드러난다. 이 장치에서 측정기는 긴 줄로 배 고물에 부착되어 있기 때문에 선장은 진행 방향과 속도에 대해 더 많이 알 수 있다. 에이허브는 이 기회를 환영한다. "나는 사분의를 부수고, 우뢰는 나침을 돌리고, 이제는 미친 바다가 측정선을 갈라놓았다. 그러나 에이허브는 모든 것을 수리할 수 있다."

도와주러 온 어린 핍이 선장의 온정적인 면을 자극한다.

에이허브는 대장장이와 함께했을 때처럼 이 상처받고 길 잃은 영혼과 하나가 된 듯한 느낌이 들고, 핍에게서 차갑고 잔인한 우주의 힘의 보다 심오한 증거를 감지한다. "설선(雪線)에는 심장이란 있을 수 없다. 오, 얼어붙은 천국이여! 여기를 내려다보라. 그대 창조적인 방탕자여, 당신은 이 불행한 아이를 낳고 버렸다." 에이허브는 핍의 손을 잡고 그를 가까이 두겠다고 다짐한다.

주제 탐색 퀴퀘그의 통나무배 관 사물함을 구명부표로 바꿔 소설의 종말을 예시하면서, 삶 그리고 부활과 대비되는 죽음의 주제를 다시 시작한다. 에이허브는 항상 이런 엄청난 주제와 씨름하면서 상징주의를 생각한다. "정신적인 의미에서 관이 결국 불멸성을 보존하는 것이 될 수 있는가!" 관은 이슈마엘이 살아서 이 이야기를 전하는 데 실질적인 역할을 하게 된다.

Chapter 128

피쿼드 호, 라헬 호를 만나다

다음날 대형 낸터컷 포경선 라헬 호가 피쿼드 호에 접근한다. 그 선장은 에이허브가 아는 사람이다. 에이허브의 통상적인 첫 물음—백경을 보지 못했소?—에 라헬 호 선장은 최근에 모비딕을 만나 자기 아들이 타고 있던 가장 빠른 보트를 잃었다고 답하고, 수색을 도와달라고 간청한다. 에이허브는 단호하게 거절하고 유일한 목표를 좇아 항해를 시작한다.

사랑하는 아들에 대한 걱정과 광인의 고래에 대한 개인적인 복수 집착의 대비는 오싹하다. 가디너 선장의 아들이 실종된 상황을 둘러싸고 모비딕에 대한 신비가 증폭된다. 라헬 호가 보유한 세 척의 보트는 큰 무리의 고래들을 추격하면서 모선(母船)으로부터 바람이 불어오는 쪽 4, 5마일 떨어진 곳에 있었다. 갑자기 모비딕이 바람이 불어가는 방향에서 나타났다. 선장은 백경을 추격하는 데 아들이 탄 예비 보트를 내보냈다. 망꾼들은 보트가 모비딕을 (작살로) 단단히 얽어맨 것 같은 시점에 그 고래가 보트를 끌고 빠르게 가는 광경을 볼 수 있었다. 다음에 무슨 일이 일어났는지는 불분명하지만 보트는 침몰했거나, 아니면 여전히 망망대해에 있는지 모른다. 정신이 온전한 고래잡이라면 라헬의 수색을 도울 것이다. 선장들이 지인 사이라거나 에이허브가 아낌없는 보상을 제안받았던 것, 또 그 역시 아들이 있다는 것은 신경 쓸 필요가 없다.

에이허브의 대답은 분명하다. "가디너 선장, 난 못하겠소. 지금조차도 시간이 헛되게 가는데… 난 가야 합니다." 한 번의 재고도 없이 에이허브는 출발 명령을 내린다.

Chapters 129-132

선실 | 모자 | 피쿼드 호, 환희 호를 만나다 | 교향곡

라헬 호와 만난 뒤 얼마 지나지 않아 에이허브는 핍과 거리를 둔다. 아이의 면전에서는 단호함이 약해져 두렵기 때문이다. 선원들에 대한 불신이 커지면서 선장은 직접 주돛의 망보기를 서겠다고 한다. 에이허브가 망대에 올려진 지 얼마 되지 않아 붉은 부리 바다매가 그의 모자를 채간다. 피쿼드 호는 환희 호와 불길한 갬을 갖는다. 에이허브는 모비딕과의 만남이 점점 다가오고 있을 때 중요한 순간을 회상한다.

피쿼드 호가 모비딕에 더욱더 가까이 접근하면서 불길함이 더해지고 소설의 어조도 어두워진다. 에이허브는 핍을 대하면서 자신이 너무 부드러워지고 있다고 느끼고, 사랑스러운 그 아이와 떨어져 지낼 필요가 있다는 것을 깨닫는다. 핍은 "내 병시중을 지나치게 들고 있다. 비슷한 것끼리는 서로를 치유한다. 이 사냥에서 내 질병은 가장 바람직한 건강상태가 된다." 에이허브는 그 어떤 평정이나 제정신을 찾아도 뜻을 굽히지 않을 것이다. 편집증이 서서히 꿈틀거리면서 선장은 선원들을 불신하게 된다. 망꾼 몇 사람이 백경을 보고도 알리지 않았을지도 모를 일이다. 바구니를 타고 망대에 올려진 에이허브는 망을 본다. 자연이 또 한 번 비웃음의 몸짓을 보인다. 매가 그를 가지고 놀다가 모자를 채간다. 이슈마엘은 그것을 악의 징후로 본다.

환희(Delight) 호와의 만남은 임박한 만남의 위험을 상기시킨다. 여느 때처럼 에이허브는 외친다. "백경을 보지 못했소?" 물론, 환희 호의 선장은 녀석을 보았다. 산산조각 난 보트와 지금도 배에서 진행중인 장례식이 그 증거다. 한 뱃사람이 묻히고 있다. 전날 백경은 네 사람을 바다 무덤으로 보냈다. 에이허브는 이 패배를 인정하는 데 아무런 역할도 하고 싶지가 않다. 그는 피쿼드 호에 항해를 계속하라고 명령하지만 멀리 가지 못해서 그 시체가 철썩 하고 수면에 부딪히는 소리를 듣게 된다.

에이허브는 모비딕의 추적이 시작되기 전에 마지막 회상의 순간을 갖는다. 갑판을 가로질러 뱃전의 난간 너머를 응시하자니 태평양은 더없이 아름답다. 스타벅이 에이허브와 함께한다. 에이허브는 바다 생활 40년을 회상한다. 열여덟 살에 처음 고래에 작살을 꽂았고, 쉰이 지나서야 나이 차이가 아주 많은 처녀와 결혼하고 바로 다음날 케이프 혼을 향해 출항했다. 그 40년 가운데 뭍에서는 3년도 보내지 못했다. 그는 자신을 '바보'라고 한다. 하지만 스타벅이 배를 돌려 집으로 가자고 설득하려 하자 에이허브는 더 이상 자기 운명을 어쩌지 못한다고 말한다. "이건 또 뭔가, 이름 없고 불가사의하고 섬뜩한 이것은? 기만적이고 은밀한 주인 양반과 잔인하고 냉혹한 황제가 내게 명령하는 것인가?" 이것은 132장 끝부분에 나오는 가장 위대한 연설의 서두로 큰소리로 읽어야 그 맛이 살아나는 독백(한 페이지 분량)이다.

선장은 틀에 박힌 평범한 사람이 아니다. 복잡하고 난해하고 고뇌하는 영혼이다. 자신이 미쳤다는 것도 알고 있지만 어쩔 수가 없다. 에이허브는 '마치 멀리 떨어진 초원에서 불어온 듯한 공기 냄새'를 감지하면서 삶과 죽음의 아름다움을 생각한다. "어느 안데스의 산비탈에서 스타벅과 건초를 만드는 목동들은 막 베어낸 풀더미에서 잠을 자고 있다네." 우리는 모두 마침내 어딘가에서 잠들게 될 것이고, 잠을 자며 '푸른 풀 속에서 녹슬어간다'. 에이허브는 죽을 준비가 되어 있지만 불행히도 선원들을 함께 데리고 갈 것이다.

Chapters 133-135
추적 – 첫날 | 추적 – 이튿날 | 추적 – 사흘째

그날 밤 에이허브는 갑판에서 중심을 잡아주는 구멍에 서 있는 동안 갑자기 고래 냄새를 감지한다. 새벽에 그는 큰 고래가 지나간 자국에 주목하고 이내 모비딕을 발견한다. 추적이 시작된다. 첫날에 백경이 에이허브의 포경 보트를 침몰시킨다. 두 번째 날도 백경은 우위를 점해 보트를 박살내고 페달라를 죽인다. 세 번째 날, 페달라의 예언(117장)은 불가사의하게도 사실로 증명된다. 부상당한 고래가 피쿼드 호를 공격해 침몰시킨다. 보트에서 작살로 고래를 찌르려고 하던 에이허브는 부주의하게도 삼베 작살 줄에 감기면서 바다로 떨어져 죽음을 당한다.

마지막 세 장은 미국 문학에서 가장 훌륭한 몇 가지 극적 행동에 대한 묘사가 들어 있다. 그것들은 한 단원으로 읽어야 한다. 추적이 진행되면서 에이허브는 페달라의 예언이 예상하지 못했던 방식으로 사실임이 입증되는 것을 알게 된다.

에이허브는 백경과의 대결이 자신의 운명임을 의심해

본 적이 없고, 처음부터 추적의 통제권을 장악한다. 스타벅과 대화를 나눈 그는 훈련받은 사냥개처럼 밤사이에 사냥감 냄새를 포착한다. 새벽에 에이허브는 바다에서 아마도 큰 고래가 남긴 듯한 매끈한 항적에 주목한다. 그는 주돛에서 망을 보겠다고 우겨 꼭대기를 향해 3분의 1도 채 안 올라가서 소리친다. "저기 고래가 물을 뿜는다! 저기서 물을 뿜고 있다! 눈 언덕 같은 혹! 모비딕이다!" 보트가 내려지지만 백경은 이내 물 속으로 들어가 한 시간 동안 나타나지 않는다. 갑자기 흰 새떼

가 흥겹게 에이허브의 배로 접근해 고래가 근처에 있다는 것을 알린다. 처음에 선장은 아무것도 보지 못한다. 그때 바다 속을 자세히 응시하던 그의 눈에 작은 흰 점이 나타나다가 점점 커져 마침내 거대해진다. 모비딕이다. 에이허브는 탈출을 시도하지만 이미 늦었다. 백경의 엄청난 턱에 보트가 두 동강 난다. "모비딕은 이 전략을 잘 알고 있다는 듯이 특유의 심술궂은 지능으로… 공격하는 상어의 자세를 취하고 맛을 음미하듯 천천히 뱃머리를 입 안 가득 물고서… 부드러우면서도 잔인한 고양이가 생쥐를 다루듯 가벼운 삼목을 흔들어… 보트를 완전히 두 동강 낸다." 에이허브는 구조되지만 그날의 사냥은 끝났다.

모비딕은 그냥 물고기라고 하기에는 너무 지능적이다. 그는 노련한 장수처럼 각각의 전투를 교묘하게 풀어나간다. 둘째 날, 에이허브는 사냥감을 다시 발견한다. 보트의 작살잡이들은 여러 개의 작은 갈고리로 모비딕을 치긴 하지만 지혜로운 고래는 이 불행을 유리하게 이용한다. 고래는 보트들 주변을 돌면서 자기에게 꽂힌 작살 밧줄로 보트 두 척을 끌어 모아 '파도가 부서지는 해변에 너울대는 껍질처럼' 박살을 냈다. 이어 머리로 에이허브의 보트를 공중으로 던져 뒤집어놓자 선원들은 '바닷가 동굴의 물개처럼' 그 밑에서 기어 나온다. 에이허브의 상아빛 다리가 부러지고, 아무도 죽은 것 같지 않지만 나중에 페달라가 실종된 것을 알게 된다.

때때로 멜빌이 사용하는 장치 하나는 인물들의 반응을 통해 그 분위기를 잡는 것이다. 세 번째 날에 에이허브가 또 모비딕을 발견하는데, 그 등에는 페달라가 눈을 뜬 채 선장을 노려보는 끔찍한 모습으로 묶여 있다. "다시 만났군 그래. 과연, 자네가 먼저 갔군. 그럼 이게, 이게 자네가 약속했던 영구차란 말이군." 에이허브의 보트를 제외한 모든 보트가 손상을 입고 본선으로 돌아간다. 에이허브는 그의 흉포한 작살과 '더욱 흉포한 저주'를 고래 속에 박아 넣는다. 모비딕은 피쿼드 호를 공격해 뱃머리 우현을 박살내 침몰시킨다. 에이허브는 보트에서 자랑스러운 배의 침몰에 반응한다. "배! 영구차! 제2의 영구차로군!… 오, 세 개의 굴하지 않는 내 첨탑이여, 깨질 줄 모르는 용골이여… 너 견고한 갑판… 그대들이 사라져야 하는가, 나도 없이?" 마지막 필사의 노력으로 에이허브는 한 번 더 모비딕에게 작살을 던지지만 삼베 줄에 뒤엉켜 바다로 떨어져서는 죽음에 이른다. 배는 하나만 빼고 모든 것을 가져간 소용돌이 속으로 가라앉는다.

　　페달라의 예언이 지닌 신비는 추격 행위를 통해 풀렸다. 결국 에이허브에게는 영구차도 관도 없는 것으로 판명되었다. 페달라는 선장보다 먼저 죽었지만 다시 나타나 죽음으로 인도하는 안내자 역할을 했다. 에이허브는 두 개의 영구차를 보았다. 하나는 인간의 손으로 만들어진 것이 아니고(백경), 다른 하나는 미국에서 자란 삼목으로 만들어진 것이다. 마지막으로 삼베 밧줄은 에이허브를 죽여 곧바로 깊은 바다 속으로 보낸다.

　　죽음은 피쿼드 호를 찾아와서 그것을 영구차로 만들었다. 멜빌은 노아의 대홍수(창세기 5: 28-10: 32) 이래 성서의 연대기인 5천 년 동안 그랬듯이, 바다를 죽은 자들을 덮고서 그 위를 흘러가는 '훌륭한 수의'라고 쓴다.

에필로그

이슈마엘은 자신의 생존에 대해 설명한다. 그 마지막 날 페달라가 없는 사이 그는 에이허브와 보트를 젓다가 튕겨나갔고 '이어서 펼쳐지는 광경의 언저리'에 떠 있으면서 모든 상황을 목격했다. 소용돌이는 그가 중앙으로 빨려들어갈 즈음 잠잠해졌고, 갑자기 퀴퀘그의 관 부표가 불쑥 솟아올랐다. 하루 밤낮을 부표에 매달려 있던 이슈마엘은 라헬 호에 구조된다. 실종된 자식을 찾아 우회하다가 또 한 명의 고아를 발견했던 것이다.

멜빌은 짧고 시적인 맺음말에서 초기의 혹평 가운데 하나에 해결책을 제공했다. 맺음말은 영국에서 처음 출판된 이후에 덧붙여졌는데, 그 당시에는 죽은 자가 말하는 것으로 되어 있기 때문에 혹평을 불러일으켰다.

주제 탐색 결론은 우정과 죽음이란 주제를 통합한 것으로, 이슈마엘을 구한 것은 퀴퀘그의 친구애임을 암시한다. 구명부표 역할을 한 퀴퀘그의 관은 죽음의 상징에서 실질적인 생존 수단이 되고, 에이허브가 도움을 거부했던 바로 그 배에 구조된 화자에게는 부활의 수단도 된다.

인물분석
노트
매플 신부

○ 에이허브

등장하기 전부터 피쿼드 호 선장에 대해서는 신비한 분위기가 있다. 선주들은 그가 없을 때 선원들을 고용한다. 이슈마엘은 선장이 말수는 적지만 의중이 깊은 사람이라는 말을 듣는다. 선장이 복잡한 인물임은 분명하다. 그는 '당당하고, 신을 공경하지 않는 신 같은 사람'으로, 식인종과도 함께 지냈을 뿐 아니라 대학에도 다녔다. 이 짤막한 소개가 중요한 정보를 드러낸다. 에이허브가 신을 공경하지 않는다는 것은 더 높은 권위에 복종하지 않는다는 것이다. 그는 자기를 능가하는 힘의 우월성을 숭배하지 않고 인정조차 하지 않는다. 그는 위풍당당하다는 점에서 신 같다. 어쩌면 신이 되기를 원하는지도 모른다.

그는 항해가 시작되고도 며칠 동안 선실을 나오지 않아 신비스러움은 가시지 않는다. 점점 불안해진 이슈마엘은 불침번을 설 때마다 선장실 바깥 구역을 점검한다. 에이허브가 마침내 뒷갑판에서 모습을 드러냈을 때(28장) 당당하고 뭔가에 사로잡힌 듯한 모습은 이슈마엘에게 전율을 일으킬 정도로 놀라웠다. 선장은 '불길에 사지가 완전히 타지 않은 상태로 화형대에서 도망쳐 나왔거나, 아니면 단단히 압축되어 오랜 세월 굳어진 강건함에서 작은 조각을 떼어낸' 사람처럼 보인다. 벼락에 맞은 것이라는 하얀 흉터는 얼굴을 따라 죽 흘러내리고 있으며, 그것이 전신에 걸쳐 있다고 말하는 사람도 있다. 에이허브는 처음부터 신 같거나 적어도 신화적인 것 같다. 그는 전설로 둘러싸여 있고 벼락으로 치유를 받았고 냉혹하고 단호하다. 마찬가지로 전설적인 백경이 선장의 다리 하나를 물어뜯었다는 것도 알게 된다. 향유고래 턱으로 만든 의족이 잘린 다리를 대신하고 있다. 그렇게 그 사내는 고래의 일부이자 벼락의 일부이며, 자신의 안에서 우레 같은 전기를 느낀다. 만약 그가 미쳤다면, 그는 광기의 화신이자 위풍당당하고 전설적이고 신 같은 거대한 인물이다.

에이허브는 매우 깊이 있는 사람이지만 말수는 별로 없다. 말할 때는 위압적인 설득력으로 감동시키기 때문에 경청하지 않을 수 없다. 36장에서 그는 마음을 뒤흔드는 연설로 항해의 유일한 목적 ― 백경을 추적해서 죽이는 것 ― 을 위해 매진하도록 스타벅을 제외한 모든 선원들의 지지를 이끌어낸다.

스타벅은 '말 못하는 짐승'에 대해 복수를 추구하는 선장을 신성을 모독한다며 비난한다. 에이허브에게 신성모독은 악행이 아니다. 그는 '만약 태양이 모욕을 했다면 태양을 공격'할 것이다. 그에게 모비딕은 그저 말 못하는 짐승이 아니다. 백경은 수수께끼 같은 것을 숨기고 있는 허울, 즉 가면으로 에이허브의 진정한 적인 '힘'인 것이다. 그는 그 힘이 사악하다고 확신한다. 다른 사람들은 에이허브의 자아 속에서, 그의 영혼 속에서 사악함을 발견한다. 그를 이해하기 위해서는 그가 진정 죽이고 싶어하는 것이 가면 뒤에 있는 힘이라는 것을 이해해야 한다. 그 힘이 자기에게 상처를 준다고, 세상에서의 자기 역할을 제한하려 한다고 믿는다. 그가 옳을 수도 있다. 그 힘이 사악할 수도 있다. 그렇지 않다면 에이허브는 광기의 화신으로 이길 가망이 없는 우주의 본질적인 힘에 대항해 싸우는 것인지도 모른다. 스스로도 인정하듯이 그가 미쳤다면 그것은 많은 사람의 목숨이 걸린 엄청난 광기다. 이 작품이 호소력을 갖는 이유 중 하나는 그 광기를 많은 사람들이 우주에서의 제한적이고 사소한 역할에 저항하여 잠시나마 열망한다는 점이다. 그것은 대다수 사람들에게는 덧없는 갈망이며 우리는 이해하지 못한다. 하지만 에이허브에게는 그것이 전부다.

우리는 피쿼드 호가 백경과 만나기 전날 에이허브의 다른 면을 본다. 스타벅과 선장은 햇빛을 받으며 미풍이 불어오는 뱃전의 난간에 있다. 에이허브는 정적인 인물로 한 가지 목표에만 집착하기 때문에 소설이 진행되는 동안 발전이나 변화를 하지 않지만 여기서는 지나온 삶을 회상하며 잠시 동요한다.

에이허브가 마침내 모비딕과 만나는 마지막 사흘은 감상하고 있을 시간이 없다. 선장의 마지막 패배는 불가피해 보인다. 때가 되자 백경은 피쿼드 호의 선원들을 죽음으로 몰아넣는다. 에이허브 역시 이길 수 없는 숙적에게 죽음을 당한다.

○ 이슈마엘

　　화자는 맨해튼 출신의 관찰력이 날카로운 젊은이로, 맨 처음 미국 포경선 아쿠시넷 호 선원으로 출항했을 때의 멜빌만큼 젊은 것 같다. 이슈마엘은 종종 울적한 기분이 들 때 바다 항해를 하고 싶어진다고 말한다. 그는 상선을 타고 네 번 출항했다. (따라서 당연히 20대 혹은 그 이상이다.) 이번에는 포경선에 승선하고 싶은 열망을 갖고 있다. 유일한 생존자 이슈마엘이 지닌 고래잡이의 모험에 대한 욕구, 예리한 관찰력, 긴 이야기를 늘어놓는 능력, 성장하고 배우는 능력 덕분에 이 이야기가 탄생했다. 이슈마엘이 생존하지 못했다면 이야기는 존재하지 않았다.

　　이슈마엘은 선천적으로 혼자 행동하는 사람이기 때문에 흥미로운 화자일 수도 있고, 보다 높은 객관성과 평가의 자유가 허용된다. 멜빌은 종종 소설을 이해하는 열쇠로 성서의 암시를 이용한다. 이슈마엘이란 이름은 화자가 추방자이며 표류자이고 인류 외에는 특별한 가족이 없는 친구임을 나타낸다. 그는 배에서 특별한 지위를 구하지 않으며 요리사나 선장이 되려는 생각도 없고, 그저 자신을 돌보는 정도면 충분하다고 하며, 가족 심지어는 성에 대해서조차 말하지 않는다. 이러한 태도는 라헬 호에 구조되는 책의 끝부분에서도 한결같다.

　　더욱 중요한 사실은 그의 고립이 폴리네시아의 작살잡

이 퀴퀘그와의 진정한 우정을 쌓는다는 점이다. 화자 이슈마엘의 매력이라면 변화하고 성장할 수 있는 열린 마음을 가진 인물이란 것이다. 처음 퀴퀘그를 물기둥 여인숙의 침대에서 만났을 때 그를 전형적인 '이교도'로 보고, 그 식인종한테 죽게 될까봐 두려워했지만 알고 보니 그는 아주 훌륭한 사람이었다. 그들은 서로에게서 다양성 속에 존재하는 풍부한 가능성을 찾는다. 궁극적으로 이슈마엘의 생명을 구한 것은 이러한 수용이다.

○ 모비딕

모비딕은 에이허브의 집착 대상이고 그 자체로도 중요하다. 백경의 모습은 독특하다. 하얀 머리에 주름 잡힌 대가리, 비뚤어진 턱, 게다가 혹은 하얗고 피라미드처럼 생겼으며 신체의 나머지는 대리석 같이 희다. 갈라진 오른쪽 부분의 꼬리에는 세 개의 구멍이 있고, 잠수할 때면 이상하게 꼬리가 갈라진다.

백경은 전투력이 뛰어난 장수 같다. 즐겨하는 속임수 가운데 하나는 도망치는 것처럼 보이다가 갑자기 돌면서 공격해 상대의 허를 찌르는 것이다.

모비딕에 관한 속설과 의혹도 역시 중요하다. 그는 불사신이고 동시에 여러 장소에 나타나는 것으로 여겨진다. 가장 중요한 것은 그가 에이허브에게 주는 의미다. 선장은 백경을 거대한 가면, 가늠할 수 없는 것, 말로는 표현하기 어려운 힘이 숨겨진 허울로 본다. 독자는 다음 문제를 생각해 보아야 한다. 모비딕은 어떤 거대한 악의 힘이 쓴 가면인가? 혹은 신의 얼굴을 감추고 있는 자연의 모습인가? 아니면 그저 사람들이 괴롭히지 않으면 대들지 않는 크고 영리한 물고기인가?

ㅇ 퀴퀘그

이 상냥한 폴리네시아의 작살잡이는 우정과 다양성이란 주제에 상당히 기여한다. 그는 선량하고 용감하며, 예의바르고 관대하다. 몸은 문신으로 뒤덮여 있다.

왕자로 태어났으나 고향섬 코코보코에서의 편안한 생활을 포기하고 섬에 기항한 포경선에 몰래 승선해 선원이 되겠다고 고집했다. 이야기로만 듣던 세상을 경험하는 것이 목적이었다. 이슈마엘도 세상을 보고 싶어한다. 그들이 발견한 것은 인간의 영혼이 외모나 종교보다 더 중요하다는 사실이다.

퀴퀘그는 모든 인종적인 특징의 합성, 즉 모든 인류의 상징이고, 그의 서명은 무한성의 상징이다.

그는 물에 빠진 사람들—그를 조롱했던 시골뜨기와 작살잡이 태슈테고—의 목숨을 구한다. 그의 통나무배 관은 나중에 뱃밥을 채워서 구명부표가 되는데, 모비딕이 피쿼드 호를 침몰시켰을 때 불쑥 솟아 이슈마엘의 목숨을 구한다.

O 스타벅

이 일등항해사는 에이허브의 집착에 저항하는 유일한 인물로, 정신과 태도에서 에이허브와 대조된다. 에이허브가 과장되고 난폭하며 편집광적이라면, 스타벅은 신중하고 조용하며 합리적이지만 에이허브 같은 힘이 부족하다. 선장에게 배의 임무를 상기시키려고 입씨름하고, 선장의 아집으로 그들 모두가 위험에 처해 있다는 현실도 인식하고 있다. 한때(123장) 선장을 살해해 광기를 끝장낼 생각을 해보기도 하지만 결국에는 선장을 따르기로 한다. 그는 영도자의 매력을 갖춘 선장의 거대한 정신에 필적하지 못한다는 것을 자인한다. 어쨌거나 그는 에이허브에게 굴복하기 때문에 변화한다.

O 페달라

에이허브가 자신의 보트 선원으로 쓰기 위해 몰래 배에 태웠던 작살잡이. 동양인으로 파르시교도인 것으로 알려진다. 파르시교도는 페르시아인의 피를 이어받고 기원전 6세기에 예언가 조로아스터의 가르침에 헌신한 종파의 일원을 가리키는데, 빛 또는 선의 정신(오르마즈드—조로아스터교의 최고신)을 어둠과 악(아리만—조로아스터교의 악마)의 정신과 대비시키고 있다. 이 작품에서의 의미는 페달라가 비기독교도이고 에이허브의 안내자 혹은 스승인 양 신비하다는 것이다. 일부 비평가들은 페달라가 파르시교도이고 추측컨대 선에 기여하므로 이중 대리인, 즉 에이허브를 제거하기 위해 신이 보낸 암살자라고 한다. (만약 파르시교도들이 '선에 충실한 것'과 대립되는 '신의 일을 하는 것'에 충실했다고 한다면 페달라는 두 가지를 모두 한다고 할 수 있다. 신과 우주에 대한 에이허브의 시각을 감안하면 페달라와 그의 역할에 대한 해석은 타당하다.)

그러나 그의 행동을 통해서 보면 에이허브의 광기를 공유하고 똑같은 악을 간파하는 것 같은 이 파르시교도는 더 악마적인 것 같다. 어느 경우에도 그는 에이허브를 둘러싼 풍부한 다의성에 기여하고 있다. 이 파르시교도의 예언은 소설의 끝부분에서 놀라운 방식으로 실현된다.

○ 매플 신부

공경할 만하고 활력이 넘치는 하느님의 사람 매플 신부는 고래잡이 예배당의 연설에서 소설의 어조를 정한다.(9장) 젊은 시절에 작살잡이였던 그는 설교에서 선원들의 이미지를 언급하고, 구약 성서의 요나 이야기와 고래를 인용한다. 에이허브는 매플의 설교 주제에서 득을 볼 수 있었다. "그리고 하느님께 순종하려면 우리 자신에게는 거역해야 한다. 하느님께 순종하기가 어려운 것은 우리 자신에게 거역해야 한다는 것 때문이다."

마무리 노트

주요 주제　○

주요 상징들　○

주요 주제

주제는 되풀이되고 통일되는 근본적인 문제나 의도 또는 사상이며 문학 작품을 더 잘 이해하도록 도와주는 동기다. 모비딕처럼 난해한 소설의 경우에는 지침으로서 주제를 본다. 하지만 개인적인 해석의 여지는 상당히 많다. 따라서 서로 다른 의견이 있을 수 있다. 그 점을 염두에 두고 다음 부분들을 생각해 보자.

● 반항

에이허브가 항해를 지배하기 때문에 반항이란 주제는 가장 중요하다. 매플 신부는 9장에서 요나에 대한 설교로 독자에게 반항을 고찰할 준비를 시킨다. 요나는 순종하지 않은 죄로 고통받는다. 하느님이 순종을 요구할 때 요나는 도망가려 한다. 하느님의 길을 따르려면 자신의 바람과 허영심을 버려야 한다고 배웠기 때문이다. 그는 하느님이 다스리지 않는 나라를 찾을 수 있다고 생각한다. 매플 신부는 이렇게 표현한다. "그리고 하느님께 순종하려면 우리 자신에게는 거역해야 한다. 하느님께 순종하기가 어려운 것은 우리 자신에게 거역해야 한다는 것 때문이다."

에이허브가 하느님에 대항해서 싸우든 아니면 자연의 법칙 혹은 어떤 종류의 그릇된 악의 권위와 맞서든 간에 그는 반항적인 사람이다. 단지 본능에 따라서 선장의 다리를 물어뜯은 불쌍한 말 못하는 짐승에게 복수를 하려는 것은 신성 모독이라는 스타벅의 말에 에이허브는 '태양이 모독했다면 태양을 칠 것'이라고 응답한다(36장). 에이허브는 단지 고래에게 복수하는 것이 아니라고 설명한다. 그는 백경을 진정한 적의 가면, 하나의 허울로 본다. 그것은 에이허브를 지배하는 권위이며, 에이허브가 받아들이기를 거부하는 권위다. 권위의 본질에는 이론이 있을 수 있지만 단순한 인간보다 본질적으로 더 높아지려고 고집하는 에이허브가 악으로 보는 것은 자연의 질서임을 암시한다.

분명히 에이허브는 미쳤고, 그 자신도 편집광적인 집착이 '정상'이 아님을 알고 있다. 그러나 그가 정상인이 되고 싶어하지 않는다는 점은 놀랍다. 에이허브는 가면에 굴복할 정당성을 찾지 못하기 때문에 가면 뒤에 숨은 불가사의한 존재에 대항해 반격을 가하고, 권위가 있는 것에는 무엇이든지 감연히 도전해 죽음을 당하더라도 패배할 수는 없다는 정신으로 맞선다. 그런 의미에서 스스로에게 사형을 선고하는 셈이다. 하지만 굴복보다는 죽음을 더 좋아하는 그는 광기와 이기주의로 배와 선원들을 비극으로 몰고 간다.

●우정

에이허브의 자기중심적인 반항과 대비되는 주제는 우

정과 동료애로, 이슈마엘과 퀴퀘그를 통해 두드러지게 나타난다. 두 사람은 어색한 상황에서 만난다. 첫 만남은 당혹스러웠지만 문화권이 다른 두 사람은 서로에게 배울 점이 있다는 것을 깨닫고, 유사성은 물론 다른 점들에 가치를 둔다. 한 가지 예로 각자의 종교를 존중한다. 퀴퀘그는 기독교도는 아니지만 고래잡이 성당의 예배에 참석하고, 이슈마엘은 파이프 담배를 함께 나누고, 퀴퀘그의 작은 우상 요조 앞에서 봉납의식을 함으로써 결속을 다진다.

이런 우정은 다양한 문화권 출신의 피쿼드 호 선원들에게도 어느 정도 존재한다. 이슈마엘은 다른 선원들과 고래 기름 작업을 할 때 동료애를 암시한다. 불행하게도 예외가 있다. 스텁이다. 흑인 요리사 플리스와의 장면은 웃음을 주기 위해 끼워 넣은 것인지 모르지만 그보다는 동료애의 부재를 설명해 주는 것 같다. 다른 배와의 '갬'은 동료애를 펼칠 기회를 제공한다. 에이허브가 우정에는 거의 관심을 보이지 않는 점은 의미심장하다. 그는 자신과 가까워지기 시작하는 유일한 인물인 핍도 물리친다. 에이허브의 임무는 우정이라는 어떠한 따뜻함도 허용하지 않는 것이다.

퀴퀘그는 이슈마엘의 생명을 간접적으로 구한다. 퀴퀘그가 미리 염두에 둔 결과는 아니지만 애정 그득한 성품이 친구의 행운에 제 역할을 한 것이리라.

● 의무

　　대부분의 행위는 배에서 일어나기 때문에 의무가 주요
주제라는 것이 놀랄 일은 아니다. 문제는 어떻게 해석되어야
하느냐는 것이다. 매플 신부에게는 동료 선원의 첫째 의무는
하느님에게 있다. 우리는 더 큰 가치 체계 내에서만 직업적인
의무에 종사할 수 있다는 것이다. 에이허브는 그렇지 않다. 에
이허브가 뒷갑판에서 배의 의무를 놓고 스타벅과 처음 이견을
보인 후(36장) 선원들은 선장을 배에서 가장 높은 권위로 본다.
항해를 하면서 두 사람은 의무에 대해 선장실에서 또 한 번 대
립한다.(109장)

　　스타벅은 매우 독실하고 성실한 퀘이커교도다. 그는 첫
번째는 하느님께, 그 다음엔 고용주와 선장에게 차례로 의무
를 느낀다. 스타벅은 화물칸에 있는 몇 개의 통에서 기름이 새
는 것을 발견하고 선장에게 보고한다. 그는 배의 공식적인 의
무가 고래 기름을 구해 안전하게 고향으로 가져가는 것이기
때문에 통을 점검하는 데 모든 일손을 돌리기를 기대한다. "우
리가 2만 마일이나 항해해서 얻은 것은 잘 지켜야 할 가치가
있습니다." "암, 그렇구말구. 그놈을 잡게 된다면 그래야겠지."
스타벅은 기름을 뜻하지만 에이허브는 백경을 뜻한다. 스타벅
은 에이허브에게 선주들의 이익을 상기시키지만, 선장이 선주
들을 신경 쓸 리 없다. 그는 장전된 머스킷 소총으로 일등항해

사를 겨누며 '피쿼드 호를 주재하는 것은 선장 한 사람뿐'이라고 선언한다. 스타벅은 갑판으로 돌아가고, 에이허브는 곧 배를 멈추고 수리를 하기로 결정한다.

그러나 선장은 이번 항해에서 한 가지 의무만을 느끼는 것이 분명하며, 그것은 선주들은 물론 신은 더욱 아닌 에이허브 자신에 대한 의무다. 그는 자신의 길을 가로막는 것은 무엇이든지 무시하고 편집광적인 목표를 추구한다. 에이허브를 저지하는 유일한 방법은 죽이는 것뿐이다. 스타벅은 머스킷 총으로 그 영감을 쏠 기회가 생기자 마음속에서 의무에 대한 혼란이 일어난다. 그는 가족과 에이허브와 함께 죽을지도 모를 선원들에 대한 의무가 있지만 그보다는 더 높은 의무를 느낀다. 자신에게, 하느님께, 어쩌면 그냥 품위에. 그는 방아쇠를 당기지 못한다. 약해서가 아니라 자신의 가치체계 때문에. 그리고 선장을 죽이지 못한 그는 따를 수밖에 없다.

●죽음

끝까지는 아니라고 해도 죽음이란 주제는 소설에 불길한 그림자를 드리운다. 물기둥 여인숙에 도착한 이슈마엘은 한동안 감조차 잡을 수 없는 그림자와 암흑을 혼합시켜 놓은 것 같은 '늪이 많고 축축하고 구질구질한' 형체가 불분명한 유화에 마음을 빼앗긴다. 죽음이라는 주제를 살리고 나중에 벌어질 사건들을 암시하는 이 그림은 고래의 공격을 받아 침몰하는 배처럼 보인다. 여인숙 주인 이름이 '코핀―관(棺)'인데, 관으로 시작해서 관으로 끝나는 책의 대칭에 기여한다.

처음부터 에이허브는 죽음과 친숙해 보인다. 그는 '불길에 사지가 완전히 타지 않은 상태로 화형대에서 도망쳐 나온 사람'처럼 보인다.(28장) 그의 임무는 두 가지 결과, 즉 많은 사람들에게 죽음을 가져오거나 인간이 이길 수 없을 것 같은 힘에 대한 승리가 있을 뿐이다.

피쿼드 호의 항해는 죽음으로 가는 항해다. 그리고 소설에 등장하는 예언가들은 모두 그것을 예견한다. 운명 예언가 일라이자는 배가 출항하기 전에 어두운 종말을 경고한다. 제로봄 호에 탔던 셰이커 예언가는 에이허브가 곧 죽은 자와 해저에서 만날 것이라고 예언한다. 페달라의 예언은 에이허브의 죽음을 포함해 차츰 다가오는 사건들을 상세히 설명한다. 이 파르시교도의 예언은 모두 예상치 못한 방식으로 실현된다.

주요 상징들

상징은 보통 작품을 감상하는 정보를 주고 확대시키는 중요한 개념을 나타내거나 제시하기 위해 사용된다. 〈모비딕〉은 미국 문학에서 가장 널리 알려진 몇 가지 상징들을 제시한다. 그러나 널리 알려졌다는 것은 이해하기 쉽다는 뜻은 아니다. 주제처럼 상징들도 다의성을 갖고 있다는 면에서 애매하다.

● 매플 신부의 설교단

고래잡이 성당에서 매플 신부의 설교단은 전직 작살잡이였던 사람의 성직에 대한 접근 방식을 효과적으로 나타낸다. 예배당의 모든 것은 이곳을 찾는 사람들에게 바다에서의 삶과 죽음을 상기시킨다. 매플 신부는 선장이며 집회에 모인 사람들은 선원이다. 설교단 자체는 뱃머리처럼 생겼고, 희망의 천사가 지켜보는 가운데 바위가 많은 해안 부근에서 폭풍우와 싸우고 있는 배 그림이 특징적이다. 설교단이 종교 지도자의 지도력을 나타내고, 하느님이 배의 조종자임을 암시한다는 것을 어렵지 않게 알 수 있다. 매플 신부의 배를 탄 사람들은 종종 바위가 많은 해안에서 폭풍우와 싸우는 자신들을 발견한다. 문자 그대로 배에서, 아니면 상징적으로 남은 삶에서. 그들에게는 천사가 나타내는 것과 같은 하느님의 은총과 위로가 필요하다.

매플은 바다 위의 보트에서 본선으로 오르기 위해 사용되는 것 같은 밧줄 사다리를 통해 설교단에 오른 다음, 밧줄을 거두어 효과적으로 세상과의 접촉을 차단한다. 유사한 방식으로 포경선 선장은 육지와의 접촉을 차단함으로써 안내자의 역할을 떠맡는다. 멜빌은 소설 곳곳에서 대조를 효과적으로 구사한다. 여기서 대조는 매플과 에이허브 사이에 이루어진다. 매플은 나이는 많지만 활력이 넘치는 하느님의 사람으로 더 높은 권위에 기꺼이 승복함으로써 암초가 많은 바다에서 배를 인도하는 것을 자기 본분으로 생각한다. 이런 의미에서 설교단은 하느님의 뜻을 수행하도록 신도들을 이끌어가는 배의 선장에게 적절한 자리가 된다.

● 퀴퀘그의 관

퀴퀘그의 관이 지닌 상징은 소설이 진행되면서 바뀐다. 처음에는 퀴퀘그의 죽음이 임박했다는 사실과 고향 섬에 대한 향수의 연결고리를 상징한다. 관은 배 같은 곳에 시체를 넣어 표류시키는 코코보코의 관습 때문에 통나무배처럼 만들어진다. 그것이 바다 위를 떠다니다가 바다와 연결된 하늘의 섬(별)으로 가게 된다는 믿음 때문이다.

관은 퀴퀘그가 죽지 않기로 마음먹은 후 그의 사물함이 되면서 생명을 유지시키는 것을 나타내게 되고, 다시 새로워지기 위한 희망이 되며, 구명부표가 되면서 생명을 구하는 실용적인 도구가 된다. 마지막으로 관이 소용돌이 속에서 솟아올라 이슈마엘의 목숨을 구할 때는 부활을 상징한다.

● 백경

백경이 상징하는 바는 전적으로 보는 사람에게 달려 있다. 스타벅에게 모비딕은 다른 고래들보다 더 위험하다는 것을 제외하고는 그냥 고래일 뿐이다. 그 고래에게 그 이상의 의

미가 있다면 그것은 선장의 광기와 본래 임무로부터의 심각한
탈선이다.

백경에게 오른팔을 잃은 새뮤얼 엔더비 호 선장은 그
고래를 영광과 고래 기름이라는 두 가지 면에서 대단한 가치
를 인정하면서도 그것을 건드리려고 하지 않는 아주 합리적인
사람 같다. "백경을 죽이는 것은 대단한 영광일 것이오. 나도
그건 알고 있소. 녀석의 속에는 배 한 척을 채울 귀한 고래 기
름이 있소. 하지만 들어보시오, 녀석은 그냥 내버려두는 것이
제일 좋소. 그렇게 생각지 않소, 선장?"(100장)

백경은 어떤 사람에게는 속설이고, 어떤 사람에게는 영
원불멸의 존재다. 그러나 중요한 문제는 에이허브에게 백경이
무엇이냐는 점이다. 이슈마엘은 에이허브가 백경을 악의 화신
으로 본다는 것을 수긍하면서도 정작 자신은 확신할 수 없다.
화자는 42장 '고래의 흰색'에서 나타나는 정도로 문제의 양면
을 보면서, 흰색이 선이나 악, 영광이나 저주, 온갖 색 또는 색
의 부재를 나타낼지도 모른다고 말한다.

에이허브를 해석할 때 36장에서 선장의 설명을 생각해
보면 도움이 된다. 거기서 선장은 모비딕을 결코 받아들일 수
없는 거대한 힘을 감추고 있는 '가면'으로 본다고 말한다. 에
이허브는 가늠할 수 없는 힘을 악으로 본다. 어떤 학자들은 그
것이 고래가 아닌, 고래 뒤에 숨은 힘, 바로 악이라고 말한다.
선장을 단순히 미쳤다고 보는 학자도 있다. 에이허브에게 백

경은 인간을 제한하고 통제하는 힘을 나타내는 존재라고 결론
지을 수 있다. 에이허브는 백경을 악의 화신으로 보지만 그냥
크고 똑똑한 물고기에 불과할 수도 있다.

이 부분은 작품에 대한 이해력을 테스트하는 난입니다. 다음의 세 가지 코너를 차례로 끝내면, 〈모비딕〉에 대한 포괄적이고 의미 있는 파악이 가능해질 것입니다.

A 다음 빈칸에 알맞은 답을 고르시오.

1. 피쿼드 호는 (   ) 이름을 따온 것이다.
   a. 고래의 유형
   b. 뉴잉글랜드 항구
   c. 멸종된 매사추세츠 인디언 족

2. 퀴퀘그의 고향 섬을 (   )라고 부른다.
   a. 오아후
   b. 코코보코
   c. 마우이

3. 피쿼드 호의 이등항해사는 (   )이다.
   a. 윌슨
   b. 스타벅
   c. 스텁

4. 퀴퀘그가 구조하는 작살잡이의 이름은 (   )이다.
   a. 페달라
   b. 태슈테고
   c. 스타벅

5. 소설이 끝날 즈음에 이슈마엘을 구조하는 배는 (   ) 호다.
    a. 라헬
    b. 미노
    c. 배첼러

6. 에이허브의 개인 작살잡이이자 정신적 안내자 이름은 (   )
    이다.

7. (   )는 고래잡이 성당에서 설교한다.

8. 모든 종류의 고래 중 이슈마엘은 (   )의 가치를 가장 높
   게 평가한다.

9. '더블룬' 금화는 제일 먼저 (   )하는 사람에게 주어진다.

10. 퀴퀘그의 관은 (   )의 형태로 되어 있다.

정답: 1. c 2. b 3. c 4. b 5. a 6. 페달라 7. 매플 신부 8. 향유고래 9. 모비딕을
      발견 10. 통나무 배(카누)

B 원작에서 다음 인용문을 찾아, 그 장면에 대해 설명하시오.

1. 제기랄 웬 놈이야!… 말 안 하면 나 너 죽여.

2. 말 못하는 짐승에게 복수라니! … 그놈은 그냥 가장 맹목적인 본능에 사로잡혀서 당신을 후려친 겁니다. 미친 짓이오! 말도 못하는 것한테 격분한다는 건… 신성 모독입니다.

3. 만약 사람을 때려주고 싶다면 그 가면 안을 치게! … 그 가늠할 수 없다는 것이 주로 내가 증오하는 것이란 말이야.

4. 그리고 하느님께 순종하려면 우리 자신에게는 거역해야 한다. 하느님께 순종하기가 어려운 것은 우리 자신에게 거역해야 한다는 것 때문이다.

5. "이건 또 뭔가, 이름 없고 불가사의하고 섬뜩한 이것은? 기만적이고 은밀한 주인 양반과 잔인하고 냉혹한 황제가 내게 명령하는 것인가?" … 에이허브는 과연 에이허브인가?

6. 관에 의지해 가라앉지 않고 거의 하루 밤낮을 조용히 만가를 연주하는 듯한 바다 위를 떠돌았다… 이틀째 되는 날 배 한 척이 점점 가까이 다가오더니 드디어 나를 건져 올렸다. 그것은 우회하면서 항해하던 라헬 호로 실종된 자식을 찾아다니다가 다른 고아만 발견했다.

7. 백경을 보지 못했소?

8. 난 이슈마엘이라고 해.

9. 최후에 이르게 되면 나는 그대보다 먼저 그대의 조종자에게 갈 것이요… 삼베만이 그대를 죽일 수 있소.

10. 내버려두는 게 제일 좋겠지. 허나 그 저주스러운 놈이 항상 마음을
    끌어당기니, 놈은 그야말로 자석 같단 말이요!

C   다음 주제에 대해 간단히 서술하시오.

1. 이 소설에서 우정이란 주제에 영향을 미치는 다양성의 역할에 대해 서술하라.

2. 이슈마엘과 스타벅, 에이허브의 성격을 생각해 보라. 정적인 인물은 누구이고, 소설이 전개되면서 성장하고 변화하는 인물은 누구인가? 성장은 어떻게 나타나는가?

3. 핍이 바다에 혼자 남겨졌을 때 보게 되는 것은? 그것이 그를 어떻게 변화시키는가?

4. 피쿼드 호는 바다에서 몇 차례 '갬'을 갖는다. '갬'을 정의하고 소설이 진행되는 동안 일어나는 갬의 중요성을 서술하라.

5. 에이허브가 백경을 죽이고 싶어하는 이유는 무엇인가?

6. 에이허브의 신체적 모습을 묘사하고 이것이 인물의 인상에 어떻게 더해지는지 논하라.

7. 스텁은 보통 근심이 없고 장난을 좋아하는 자로 여겨진다. 그에 대해 본인이 생각하는 바를 묘사하고, 소설에 나오는 장면을 이용해 자신의 인상을 설명하라.

8. 소설에서 페달라의 역할은 무엇인가?

9. 다음의 상징을 논하라. 백경, 퀴퀘그의 관, 매플 신부의 설교단.

10. 매플 신부는 어떻게 소설의 어조를 설정하는가?

一以貫之
논술노트

- 우리에게 '모비딕'은 무엇인가?
- 실전 연습문제

一以貫之는 '논어'에 나오는 말로 '모든 것을 하나의 이치로 꿴다'는 뜻입니다.

논술의 주제와 문제 유형, 제시문들은 참으로 다양하고 가지각색입니다. 그러나 그 모든 것을 하나로 꿸 수 있습니다. '인간사회의 보편적 문제들에 대한 근원적인 물음에 답하는 자기 나름의 견해'라는 것이지요. 논술은 인간이면 누구나 부닥치는 개인적 또는 사회적 문제들에 대한 자기 나름의 고민이자 성찰입니다. 논술은 자기견해, 자기 가치관, 자기 삶에 대한 솔직한 고백입니다.

一以貫之 논술 연구모임은 '자신의 물음'과 '자신의 생각'을 갖고 '자신의 글'을 쓸 수 있도록 도와줍니다.

〈집필진〉
김병학, 이호곤, 우한기, 박규현, 김법성, 김재년, 도승활, 백일, 우효기, 조형진

우리에게 '모비딕'은 무엇인가?

〈모비딕〉을 읽기 전에

발표 당시 세상의 주목을 받지 못했던 불운한 작품 〈모비딕〉은 한 마리 거대한 흰 고래를 쫓는 이야기다. 인간의 힘으로 어찌할 수 없는 흰 고래와 그것을 지구 끝까지 쫓아가 끝장내려는 에이허브 선장의 대결은 에이허브 자신뿐 아니라 포경선 피쿼드 호까지 침몰당해 버림으로써 일단은 인간의 패배로 끝난다.

1986년 국제상업포경금지협약의 발효로 상업적 포경을 하지 않고 있는 우리나라의 경우 '고래를 잡는다'는 행위가 실제로는 그리 오래 되지 않았지만, 피부에 와닿지 않은 먼 과거의 일처럼 생각될 것이다. 그러나 우리는 소설 〈모비딕〉에서 단순히 거대한 자연 앞에서 파멸하는 인간의 모습 이상의 것을 찾을 수 있다. 광기 어린 에이허브의 추적은 한 인간의 불행을 종결지으려는 개인적 측면 이상으로 '모비딕'의 존재를 어떻게 해석하느냐에 따라 더 풍부한 의미를 찾을 수 있기 때문이다. 바로 이 점이 우리가 소설 〈모비딕〉을 지금껏 읽고 있는 이유일 것이다.

고래와 인간

육지 사람들이 고래 먹기를 꺼리는 것은 반드시 너무 기름지기 때문만이 아니고, 역시 어느 쪽이냐 하면 앞에서 언급한 생각―즉, 인간이 바다에서 방금 죽인 것을 그 자리에서 먹으며, 더욱이 그 기름으로 밝힌 불빛 아래서 먹는다는 그런 점에 있는 것 같다. 그러나 의심할 바 없이 최초로 소를 죽인 인간이 만일 소들의 재판을 받았다면 그는 영락없이 유죄선고를 받았을 것이고, 따라서 다른 살인자와 마찬가지로 교수형에 처해졌을 것이다. 토요일 밤에 고기시장에 가서, 살아 있는 두 발 짐승이 몰려와서 죽은 네 발 짐승이 늘어서 있는 것을 쳐다보고 있는 꼴을 보라. 그 광경이야말로 식인종으로 하여금 몸서리치게 하는 광경이 아닐까? 식인종? 식인종 아닌 인간이 있는가?

세상 사람들이 우리들 포경인에게 경의를 표하기를 주저하는 최대의 이유는 의심할 바 없이 다음과 같은 점일 것이다. 즉, 우리가 하는 일은 기껏해야 도살업과 다를 바 없으며, 또 실제로 일하는 현장이란 온갖 종류의 모독과 불결에 싸여 있다고 생각하기 때문이다. 사실 우리들은 도살업자다. 그러나 도살자 중에서도 가장 살육을 즐기는 사람들을 세상은 늘 위대한 장군으로서 찬양하고 있지 않은가.

미국의 포경산업은 1840년대에 절정에 달했다. 이는 1846년 바다에서 900척의 포경선 중 735척이 미국 배였다는 사실을 통해서도 잘 알 수 있다. 그러나 포경업에 대한 세간의 평가는 좋지 않았다. 자신들은 노동의 결과물을 향유하면서 정작 그 노동을 수행한 인간들에 대한 평가는 저열하다. 그러나 고래를 도살하는 인간을 도살업자라고 무시하지만, 인간 자체를 도살하는 인간도 있다는 것, 그리고 더 문제는 그런 사람을 위대한 장군으로 칭송하는 사회에 아무런 문제가 없을까?

보트가 그를 둘러싸고 더욱 육박하자 보통은 그 대부분이 물에 잠겨 있는 그의 상반신이 뚜렷이 드러났다. 그의 눈이라기보다 그 눈이 있었던 장소도 지적할 수 있었다. 고귀한 떡갈나무가 베어져 땅에 뒹굴 때 그 마디구멍에서 움이 돋아나듯이, 눈이 있던 그 부분에는 보기에도 처참한 빛 없는 눈알이 튀어나와 있었다. 그러나 동정하는 것은 합당치 않다. 늙은 데다가 한쪽 팔은 없어지고 눈은 멀었다고 하나, 그는 즐거운 혼인 잔치와 그밖의 인생의 향연을 밝히게 되고, 또한 만인은 서로 어떠한 적의도 가져서는 안 된다고 설교하는 엄숙한 교회당을 밝히기 위해 죽음을 맞이해야 하는 것이다. (중략) 창이 꽂힌 순간 그 안쓰러운 상처에서는 궤양성의 피가 쏟아지고, 고통을 참을 수 없게 된 고래는 짙은 핏덩어리를 내뿜으며 분노의 돌격을 보트에 가해 와서, 보트와 용감한 선원들을 소나기 같은 피로 감싸며, 플래스크의 보트를 뒤집고 그 이물을 산산이 부수고 말았다. 이것은 빈사의 일격이었다. 이때 이미 출혈 때문에 힘이 빠져 있던 고래는 모처럼 파괴한 보트를 남기고 힘없이 뒹굴 뿐, 옆구리를 드러내고 헐떡거리며 뿌리만 남은 지느러미를 기운 없이 쳐들더니, 천천히 마치 멸망해 가는 천체처럼 몸을 돌다가 그 하얀 비밀의 배를 드러내고 통나무처럼 드러눕더니 그만 죽고 말았다. 그런데 그 단말마의 물뿜이는 참으로 애처로웠다. 힘차게 내뿜던 분수의 물은 보이지 않는 손에 의하여 차츰 말라가고, 마치 흐느끼는 듯한 우울한 소리를 내면서 물보라의 기둥은 점점 낮아져서 마침내 사라졌는데, 참으로 애처로운 고래의 마지막 분노였다.

바로 첫날 그는 내장을 치우는 작업을 하다가 이상한 것을 목격했다. 그것은 '조산된' 송아지가 발견될 때마다 감독들이 쓰는 간악한 술책이었다. 도살에 대해 조금이라도 아는 사람이라면 새끼를 낳으려고 하거나 갓 새끼를 낳은 암소의 고기는 식용으로 적합하지 않다는 것을 알 것이다. 그러나 매일 이런 암소들이 상당수 도살장으로 들어왔다. 물론 도살업자들이 하려고만 한다면 그런 암소들을 식용에 적합하게 될 때까지 먹이는 것은 그리 어려운 일이 아닐 것이었다. 그러나 시간과 사료를 절약하기 위해서 그런 소들도 다른 소와 함께 도살하는 것이 상례였다. 그런 소를 발견한 사람이 감독에게 알려주면 감독은 정부조사관과 얘기한 다음 함께 나가버린다. 그동안 순식간에 그 소의 시체는 깨끗이 처리되고 내장도 처리된다. 그것을 트랩 속에 밀어넣는 일이 유르기스가 맡은 일이었다. 그들은 송아지나 다른 소들, 또 숨겨두었던 조산된 송아지를 도살해서 식용육으로 만들었고 게다가 그 송아지의 가죽까지도 이용했다.

— 업톤 싱클레어 〈정글〉

법에 따라 동물은 사지가 절단되기 전에 반드시 죽어 있어야 한다는 사실을 모든 사람이 알고 있지만, 세계 최대 육류 포장업체인 IBP에서는 그 법을 준수하지 않았다. 인간적인 도살 규정에 따르면, 법의 적용을 받는 동물들은 체인에 매달리거나 잘려지기 전에 '고통을 느끼지 못하는' 상태에 있어야 한다. (중략)

서약서에 서명한 한 도살장 인부는 "만족스러울 만큼 뻗지 않는 (전기봉으로 기절당하지 않는) 소의 비율은 30%쯤 됩니다. … 매달려 있으면서 고개를 쳐들고, 또 비명을 질러대는 것으로 봐서 짐승들이 살아 있는 것만은 틀림없습니다"라고 털어놓았다.

그는 공장에서 잔인한 행각을 폭로하는 서류에 서명함으로써 자신과 가족의 안전에 위협을 초래할 뻔한 IBP 내부 고발자 17명 중 한 사람이다. 또 한 사람은 "소는 거꾸로 매달려 있으면서도 10여 분간 살아 있을 수 있습니다. 가죽이 목까지 벗겨져 있는 데도 말입니다"라고 증언했다. 목과 다리를 잘라내도 소는 여전히 살아서 숨을 쉽니다. … 열 마리당 한 마리꼴로 피를 흘리고 가죽이 벗겨져도 살아서 꿈틀거리지요."

"도살과정을 살아서 통과하는 수만 마리의 소들을 보아왔습니다." 어느 도살장 인부의 말이다. "그런 녀석이 다가오더라도 공정라인을 멈출 수 없습니다. 감독이 산 녀석이라도 잘라내야 한다고 지시하는 걸요." (중략)

IBP의 한 간부 사원은 비디오테이프에 담긴 장면과 일부 직원의 증언 내용이 업계에서 전반적으로 일어나는 행위이기 때문에 IBP

만 비난하는 것은 옳지 않다고 항변했다. 불행하게도 그의 말은 정확했다. 에드 반 윙클은 미국 최대 육류 포장회사의 하나인 존 모렐&컴퍼니에서 도살장 책임자로 일한 적이 있었다. 그는 너무 심하게 다쳐 걸을 수조차 없는 동물을 도살장에서 어떻게 다루는지 설명하면서, 차마 말로 표현하기도 어려운 끔찍한 장면을 이렇게 전했다.

불구인 동물을 다루는 바람직한 방법은 납으로 된 파이프로 때려죽이는 것이다. … 통로를 똥범벅을 만들어놓거나, 심장마비에 걸렸거나, 움직이기를 거부하는 돼지가 있으면 쇠갈퀴로 항문을 찍어 잡아당긴다. … 쇠갈퀴가 항문을 찢어놓는 일이 다반사로 벌어진다. 허벅지까지 살점이 완전히 찢어져 너덜거리는 경우도 보았다.

—존 로빈슨 〈음식혁명〉, 시공사

물이나 뭍이나 인간의 자연에 대한 욕망은 끝없고 잔인하다. 새끼를 배고 있는 암소를 잡고, 조산된 그 새끼도 잡고 아무 일 없이 넘어간다. 인간들은 바다를 피로 물들이며 죽은 고래를 배 위로 끌어올린 뒤 껍질을 벗기고 토막을 내고 기름을 짜낸다. 이 일련의 과정은 잡은 고래의 고기로 식사하고 그것에서 얻어지는 기름으로 밝힌 불빛 아래에서 진행되니 고래의 입장에서 이보다 심한 잔인함은 없을 것이다. 그러나 이러한 인간의 잔인함은 자연의 동물만을 대상으로 삼는 것이 아니라, 자기와 다르다는 이유만으로 타문화에도 가해져왔으며, 전체 이익을 명분으로 한 전쟁에서 무수한 인간들이 인간의 손에 의해 살육되어왔다.

퀴퀘그와 이슈마엘

설령 이 이교도의 가슴속에 나에 대한 얼음과도 같은 냉담함이 얼마간 남아 있었다 하더라도, 우리의 이 즐겁고도 화기애애한 끽연은 그것을 삽시간에 녹게 했으며, 얼마 후 우리는 친구가 되었다. 퀴퀘그도 나와 마찬가지로 저절로 우러나는 자연스러운 애정을 내게 느끼는 것 같았다. 그리고 끽연이 끝나자 이마를 내 이마에 갖다 대고, 내 허리를 꼭 껴안고는, 이제부터 우리는 부부라고 말하는 것이었다. 이것은 그의 고향 말로 하면 진정한 친구라는 것으로, 필요하면 나를 위해서 기꺼이 목숨을 바치겠다는 뜻이었다. 만일 이 나라 사람끼리 이처럼 갑작스런 우정의 불꽃을 일으켰다면 그것은 너무나 당돌한 짓으로 매우 의심할 만한 일이지만, 이 단순 소박한 야만인의 경우에는 이런 오래된 통념은 성립될 수 없는 것이다.

사람 머리를 팔러 나갔다는 식인종 작살잡이에게 이슈마엘이 처음부터 호의를 가지기는 힘들었을 것이다. 자신의 머리도 팔리게 되는 것은 아닌지 하는 불안감을 어찌 떨쳐버릴 수 있었을까. 그러나 침대를 나눠 쓰게 되면서 이슈마엘이 접한 퀴퀘그는 사람들의 이야기와 너무나 달랐다. 사람들의 편견과 달리 인간의 품위가 몸에 배어 있는 퀴퀘그에게서 이슈마엘은 급속하게 친밀감을 느끼게 된다.

　　이슈마엘에게 퀴퀘그가 실제로 접했을 때는 들었던 바와 달리 야만인이거나 식인종이 아니라 아무런 편견 없이 상대를 대등하게 대하는 인간적 존재로 밝혀졌다면, 퀴퀘그가 이슈마엘을 친구로서 대하게 되는 것은 어떤 이유에서였을까? 이방인 퀴퀘그는 이미 백인 사회가 가진 인간에 대한 편견과 추악함을 접해 왔다. 그렇지만 이제 막 만나보게 된 이슈마엘에게서는 그런 점을 발견할 수 없었을 것이다. 이것은 자기가 접한 부정적 사회에서도 편견으로 먼저 인간을 대하지 않고, 한 사람의 겉으로 나타나는 외모가 아니라 본성을 꿰뚫는 퀴퀘그의 시각과 능력 때문이었을 것이다. 그러나 둘 사이에 형성된 신뢰는 어느 정도 해석이 될 수 있겠지만, 그것이 급속하게 진전되어 전적으로 자신의 운명까지 상대에게 맡길 수 있는 관계의 형성은 여전히 인종차별 문제가 해결되지 않고 있는 오늘날의 관점에서 볼 때 파격적이다. 남북전쟁 이전에 나온 이 소설에서 이슈마엘과 퀴퀘그의 급속한 우정의 형성을 단순히 여러 차례 등장하는 운명적 상황으로 이해할 수도 있겠지만, 이것은 평소 작가 자신이 가졌던 인간에 대한 신념의 표출이 아닐까 생각된다. 세상 사람들은 자기가 접해 보지 않은 것에 심각한 편견을 가지고 있지만, 실제로 접해 보았을 때는 그렇지 않다. 아마도 이런 이야기를 이슈마엘과 퀴퀘그의 관계를 통해서 하려고 했던 것이 아닐까?

나 대신 수레를 밀고 가면서 퀴퀘그는 처음 외바퀴 수레를 보았을 때의 우스운 이야기를 들려주었다. 새그 항에서의 일이었다. 그가 탄 배의 선주가 그의 무거운 상자를 여관으로 운반하라고 손수레를 한 대 빌려주었다고 한다. 퀴퀘그는 그것을 다룰 줄도 모른다고 얕보이는 것이 싫어서—사실은 손수레를 어떻게 다루어야 할지 전혀 모르고 있었지만—그 위에 상자를 올려놓고 꽉 붙들어맨 다음 수레째 짊어지고 부두를 걸어갔다. "저런, 퀴퀘그!" 하고 나는 말했다. "손수레도 모르리라고는 아무도 생각지 않았을 거야. 모두 웃었겠지?"

그러자 그는 또 다른 이야기를 들려주었다. 고향인 코코보코 섬 사람들은 결혼잔치 때 싱싱한 야자나무 열매의 향기로운 즙을 펀치 볼 같은, 색칠을 한 큰 바가지에 짜놓는데, 이 펀치 볼은 주연이 벌어지는 멍석 한가운데에 가장 중요한 장식품으로서 놓인다는 것이다. 그런데 언젠가 어느 거대한 상선이 코코보코 섬에 기항했고, 그 선장—어느 모로 보나 선장은 매우 위풍당당했고 예절도 차릴 줄 아는 훌륭한 신사—이 퀴퀘그의 누이동생인 겨우 열 살 된 아름다운 어린 왕녀의 결혼잔치에 초대를 받았다. 초대받은 손님들이 대나무로 지은 신부의 오두막에 모두 모였을 때, 그 선장도 안으로 들어와 상객으로서 대사제와 퀴퀘그의 부친인 임금 사이, 펀치 볼을 앞에 둔 자리에 앉았다. (중략) 대사제는 이 섬에 태고 때부터 내려오는 의식에 따라 연회를 시작했다. 그 의식이란 신에 의해 정화되고, 또 신을 대신해서 사람들을 정화시키는 대사제가 그의 손가락을 펀치 볼에 담근 다음 이 축복받은 음료가 차례로 돌아가게 되는 것이다. 선장은 대사제 바로 옆에 앉아 있었기 때문에, 그리고 한편 자기는 적어도 배의 선장이니 이따위 조그마한 섬의 임금보다는—더욱이 그 집의 빈객이므로—분명히 자기 윗자리에 있다고 생각해서인지, 대사제의 본을 떠서 태연히 손을 펀치 볼에 씻었다. 짐작컨대 아마 커다란 핑거볼(손 씻는 그릇)이라고 생각했던 모양이다. "그런데," 하고 퀘퀘그는 말했다. "자네는 어떻게 생각하나? 섬사람들은 웃지 않았을까?"

나는 말하노니, 피지 섬 사람들이 닥쳐올 기근에 대비하여 말라빠진 선교사를 지하실에다 소금에 절여둔다 하더라도, 그 조심성 있는 피지 섬 사람 편이 제군들처럼 거위를 땅바닥에 못질하여 그 부은 간을 파테 드 푸아그라로 만들어 맛있게 먹는 문명 개화된 그대들보다 최후의 심판일에 그 죄가 더 가벼워질 것이다.

"원주민들의 손자 대에 가서나 자립생활이 가능할지 몰라도, 현재의 원주민들은 악덕에 깊이 물들어 있기 때문에 불가능하다. 그 증거로 그들은 에스파냐 사람들을 회피하려고 하며, 보수 없이 일하기를 거부하지만 때로는 그들 자신의 소유물들을 남에게 모두 주어버리기도 한다. 그리고 우리가 그들 가운데 어떤 자들의 귀를 잘라버렸을 때도 그들은 그 친구들을 버리는 법이 없다." 그리고 식민자들은 "원주민들이 자유로운 동물로서 남아 있기보다는 인간의 노예가 되는 편이 더 낫다"라고 한결같은 결론을 내리는 것이었다.

이로부터 몇 년이 지난 뒤의 어떤 한 증언이 그러한 논평에 결정적인 사항을 덧붙여주고 있다. "원주민들은 인육을 먹으며 정의에 대한 관념이라고는 조금도 없다. 그들은 벌거벗고 돌아다니며, 거미와 곤충 따위의 모든 살아 있는 벌레를 먹고… 그들은 수염이 없는데, 만약 그들 중에 누군가가 수염을 갖게 되면 그는 급히 수염을 한 오라기씩 잡아당겨 뽑아버리는 것이다." (1525년 인디언 평의회에서 오르티스의 증언)

같은 시기에 이웃 섬(오비에도의 증언으로는 푸에르토리코)에서는 원주민들이 수시로 백인들을 잡아들였고, 그 생포한 백인들을 물 속에 던져 죽인다고 했다. 그러고 나서 죽은 시체가 부패하는지 않는지를 보기 위하여 익사체의 주위에 몇 주일씩이나 지키고 앉아 있는 것이다. 우리는 이 두 가지의 상이한 조사를 비교함으로써 두 가지 결론을 이끌어낼 수 있다. 즉 백인들은 사회과학에, 원주민들은 자연과학에 의지하고 있었다. 그리고 백인들은 원주민들이 동물이기를 바랐지만, 원주민들은 백인들이 신들은 아닐 거라고 의심하는 것으로 만족하였다. 양편이 모두 마찬가지로 무지하였으나, 그래도 원주민들 생각이 보다 인간적인 가치를 지녔다.

— 레비 스트로스 〈슬픈 열대〉, 한길사

수레를 어떻게 사용할지 몰라, 수레째 운반하는 퀴퀘그의 모습과 퀴퀘그의 고향 섬에서 백인 선장이 보였던 모습의 대비를 통해 우리는 서로를 알지 못함에서 나오는 무지와 그것에서 어떤 결과가 도출되었는지 생각해 볼 수 있다.

저명한 문화인류학자인 레비 스트로스가 말하는 백인과 원주민의 만남은 퀴퀘그의 이야기보다 훨씬 살벌하게 펼쳐진다. 서로에 대한 무지와 그 무지에서 파생되는 인간의 행동은 서로를 진정으로 알려는 시도를 생략한 채 먼저 상대를 파괴하는 양상으로 치닫는다.

서로간 왕래가 없었던 각자 고립된 세계에서 자신들만의 시간을 보내면서 만들어졌던 차이는 어찌 보면 당연하고 자연스러운 것이다. 그런데 어느 날부터 일방에 의해 일방의 기준이 강요되고, 자신의 기준과 다른 모든 것은 내쳐지고 열등한 것으로 폐기되어야 한다는 것은 억지다. 차이는 차별이 되어서는 안 된다.

일방의 기준에만 따르는 우열관계의 결정이 아니라 ‘모두가 인간’이라는 전제에서 인간적인 가치로 접근할 때, 대상이 차라리 동물이기를 바랐던 백인들보다 원주민들의 생각과 행동이 더 가치를 지닌다고 하는 레비 스트로스의 이야기와 이슈마엘과 퀴퀘그의 관계는 차이를 인정하되 차별하지 않는 동일한 관점을 공유한다고 볼 수 있다.

우리는 생사의 문제에 관하여 커다란 과오를 범하고 있는지 모른다. 이 지상에서 소위 유령이라고 하는 것이 사실은 나의 진정한 실체일지도 모른다. 우리가 영적(靈的)인 사물을 바라보는 경우, 마치 굴조개가 물 속에서 태양을 쳐다보며 그 두꺼운 물을 가장 투명한 공기라고 착각하고 있는 것과 매우 흡사할지 모른다. 나의 육체는 더 훌륭한 존재의 찌꺼기에 지나지 않을지도 모른다. 결론은 내 육체를 빼앗고자 하는 자는 누구든 빼앗아가라는 말이다. 그것은 내가 아니니까. 그래서 낸터컷 행을 환영한다. 보트가 산산이 망가지건 육체가 산산이 부서지건 아랑곳하지 않겠다. 내 영혼을 산산이 분쇄하는 것은 주피터 신도 할 수 없는 노릇이니까.

이슈마엘에게 포경업은 처음 해보는 신기한 일이기도 하지만 두려운 일이었음에는 틀림없다. 고래를 추격하던 많은 선원들이 바다에서 돌아오지 못했고, 혹은 불구로 돌아왔기 때문이다. 목숨이 위태로울 수도 있는 모험을 선택한 이슈마엘은 자신의 선택에 대해 설명하고 있다. 비록 육체는 빼앗길 수 있으나, 영혼은 부서지지 않을 것이라고. 소설 전체로보아 가장 강렬하게 전면에 나서는 것은 에이허브 선장이지만 이야기의 전면에 나서지 않는 이슈마엘의 마음속에도 어찌 보면 에이허브와 비슷한 심정, '인간은 자연에 굴복하지 않을 것이며, 비록 엄청난 자연의 힘 앞에 지금은 무릎은 꿇게 되더라도 영혼까지 그렇게 되는 것이 아니다. 그렇게 그렇게 도전하고 도전하면서 인간은 자연을 정복할 것이며, 당연히 모비딕 또한 끝장낼 것'이라는 희망이 들어 있다. 꿈이 있는 인간에게 고통은 시련일 수 있겠지만, 그 인간의 영혼 자체까지 송두

리째 없애기는 불가능하다는 것이 이슈마엘, 에이허브 그리고 피쿼드 호 선원의 마음속에 공통으로 내재했던 생각이 아니었을까? 퀴케그와 이슈마엘의 우정을 통해 당시 인종편견을 비판한 작가는 위험을 알면서도 계속 출항하여 자연에 맞서는 인간군상을 통해 불완전한 존재이지만 끊임없이 도전하는 인간 속성에 대해 논하고 있다.

자기 합리화와 운명

심리적 일관성은 우리 사회에서 높은 가치를 부여받고 있다. 물론 그래야 마땅할 것이다. 일관성의 법칙에 따라 행동할 때 우리는 세상을 합리적으로 살아갈 수 있으며, 또한 많은 혜택을 누릴 수 있다. 이 세상에 일관성이 없다면 우리의 삶은 뒤죽박죽이 될 것이며, 우리는 실수투성이로 뒤덮인 매우 힘든 세상을 살아가야 할 것이기 때문이다. (Sheldon, Ryan, Rawsthorne, & Ilard. 1997).

그러나 대부분의 경우에 일관성이 긍정적인 결과를 가져온다는 바로 그 믿음 때문에, 간혹 일관성 있게 행동하는 것이 주어진 상황에 적절하지 않을 때도 우리는 아무런 생각 없이 자동화된 일관성의 습관에 따라 행동하는 경향이 있다.(중략)

일관성의 법칙이 갖고 있는 그 첫 번째 매력은 다른 자동화된 반응 유형과 마찬가지로 복잡한 세상을 쉽게 살아가게 하는 지름길을 우리에게 부여한다는 점이다. 일단 우리가 어떤 현안에 대하여 마음을 결정하면 그 결정을 고수하는 것이 여러 모로 유익하다. 우리는 더 이상 의사결정에 관련된 정보를 수집하기 위하여 눈보라 같은 세상을 헤매고 다닐 필요도 없고 대안들의 장단점을 분석하느라 정신적 에너지를 허비할 필요도 없으며, 이럴까 저럴까 망설이면서 어려운 결정을 또 한 번 해야 할 필요도 없기 때문이다. (중략)

기계화된 일관성이 우리를 유혹하는 또 하나의 매력이 있다. 가끔 우리가 무엇에 대하여 깊이 생각하고 싶지 않는 것은 생각하는 것 자체가 힘들고 귀찮기 때문이 아니라, 심사숙고 끝에 얻어지는 결론을 두려워하기 때문이다. 심사숙고에 의해 가증스럽게도 분명해진, 또한 인정하고 싶지 않는 결론을 대하는 것이 두려워서 우리는 가끔 차라리 정신적 게으름뱅이가 되고 싶어한다.

이런 경우 자동화된 일관성은 우리에게 훌륭한 안식처를 제공해 주어 냉엄한 현실로부터 도피하게 해준다. 우리는 이 요새에서 완고한 일관성으로 꼭꼭 무장해서 이성의 포위를 무력화시키고 있다.

— 로버트 치알디니 〈설득의 심리학〉, 21세기북스

만일 내가 나 자신에게 어디까지나 정직했다면, 이처럼 장기간에 걸칠 항해에서 일단 바다로 나가면 곧 절대적 독재자가 될 선장을 한 번도 보지 않고 이처럼 몸을 맡겨버리는 것을 마음 한구석에서 꺼림칙하게 여겼다는 것을 분명히 자각했을 것이다. 그러나 인간이란 뭔가 잘못되어 있다고 느꼈을 경우에 만일 자기가 이미 거기에 휩쓸리고 있다면, 무의식중에 자기 자신에 대해서도 그 의심을 감추어버리려고 하는 일이 때때로 일어나는 법이다. 나의 경우도 바로 이와 같았다. 나는 아무 말도 하지 않고, 또 아무것도 생각하지 않기로 했다.

드디어 배는 내일 정해진 시간에 틀림없이 출범한다는 말이 전해졌다. 그래서 퀴퀘그와 나는 다음날 아침 일찍 부두를 향해 출발했다.

인간은 매순간 선택을 해야 한다. 선택을 하게 되면 그것에 따르는 결과가 발생하는 것이며, 이것은 때로는 좋게 때로는 나쁘게도 나타난다. 처음 타보게 되는 포경선 선택에서 이슈마엘은 쉽게 결정을 내릴 수 없다. 그러나 그의 든든한 친구인 퀴퀘그는 이슈마엘에게 배의 선택을 전적으로 위임해 둔 상태다. 자신이 탈 배의 선장을 보지 못해 한편으로 찜찜해 하면서도 이슈마엘의 내면은 심리적 일관성을 통해 자신의 수고를 덜고 현실에서 도피하려는 모습을 보인다. 자신의 선택이 어떤 결과를 낳을지 예측할 수 없었던 이슈마엘에게 그것은 자신의 무의식에 따른 행위였다지만 결과는 원래 예정된 것은 결국 그렇게 되고야 마는 운명적 결과에 도달하고 만다.

이 소설 전체를 통해 여러 차례 반복되는 운명적 상황은 단순히 피쿼드 호 승선, 에이허브라는 선장, 거대한 흰 고래의 존재, 끝없는 추격, 인간의 파멸적 패배라는 사건 진행만으로 이야기를 끝내지 않고, 이런 일련의 과정들을 통해 인간 자체에 대한 성찰을 도모하게 한다. 인간의 이성으로 설명되지 않으며 극복하기 힘든 운명적 상황에 대한 아래와 같은 언급들을 통해 성찰의 내용을 살펴보도록 하자.

스타벅은 이내 편지를 손에 들고 돌아왔다. 선실의 어두운 장 속에 넣어두었기 때문에 구깃구깃 구겨지고, 축축하고 초록색 곰팡이가 끼어 얼룩덜룩해져 있었다. 이런 편지는 사신(死神)이 손수 배달부가 되는 것이 마땅할 것이다. (중략) 에이허브는 편지를 든 채 중얼거렸다. "뭐라고, 해- 해리 씨? 여자 글씨군. ─ 틀림없이 부인한테서야. ─ 그래 ─ 제로봄 호내 해리 메이시! 메이시라면 죽은 사나이가 아닌가!"

"안됐군. 부인한테서 온 거요?" 메이휴는 한숨을 내쉬었다. "여하튼 내가 받아두지."

"아니야, 당신이 갖고 있어." 가브리엘이 에이허브에게 소리쳤다. "당신도 곧 그곳으로 갈 테니까."

선잠에서 깜짝 놀라 눈을 뜬 에이허브는 파르시교도와 얼굴이 마주쳤다. (중략)

"나는 또 그 꿈을 꾸었어." 그는 말했다.

"관의 꿈인가요? 관이고 영구차고 나리의 것은 안 된다고 내가 말하지 않았어요?"

"바다에서 죽어서 관 속에 들어가는 놈이 누가 있나?"

"그러나 제가 말했지만, 나리가 이번 항해에서 죽는다면, 그건 바다에서 두 개의 관을 자신의 눈으로 봐야만 해요. 첫째 관은 사람

의 손으로 되지 않은 것이고, 다음 것의 재목은 미국에서 자란 나무임에 틀림없을 거요.” (중략)

“그렇게 자네가 먼저 간다 치고 — 만일 그렇게 된다 치고 — 내가 따라가기 위해서는 자네는 쭉 내 앞에 나타나 나를 안내해야 한다. — 확실히 그랬었지? 그래서 나는 자네의 말을 전부 믿기로 했지. 이봐, 수로 안내인! 나는 여기서 두 가지 맹세를 하겠다. 언젠가는 모비딕을 내 손으로 죽인다. 그리고 나는 살아남는다는 것을!”

“또 하나 맹세를 하십시오, 나리!” 하고 파르시교도는 어둠 속에서 반딧불과 같은 두 눈을 빛내며 말했다. “삼베 밧줄만이 나리를 죽일 수 있다고.”

“교수대를 말하는군 — 그렇다면 나는 육지에서건 바다에서건 불사신이야.” 에이허브는 비웃음을 던지며 소리쳤다. “나는 바다에서나 육지에서나 불멸이다.”

환영2: 잔인, 대담, 꿋꿋하라. 인간의 능력 따윈 우습게 생각하라. 여자에게 태어나서 멕베스를 해칠 사람 절대 없을 테니까.

혼령3: 사자처럼 당당하라. 짜증내고 안달하고 반역하는 무리들에 신경도 쓰지 말고. 버넘의 큰 수풀이 던시네인 언덕으로 멕베스를 대적하여 다가오기 전에는 절대 정복 안 될 테니.

맬컴: 병사들은 모두 다 가지를 하나씩 잘라서 각자 앞에 들어라. 그리하여 아군은 숫자를 감추고 정찰병은 보고할 때 실수하게 될 것이다.

맥베스: 거짓을 진실처럼 모호하게 말했던 그 악마의 궤변이 의심되기

시작한다. "던시네인 언덕으로 버넘 숲이 올 때까진 걱정 마라." ─ 그런데 숲이 오고 있잖아. ─ 무장하고 출전하라! ─ 이놈이 단언하는 그게 정말 보인다면 도망을 치지도 머물러 있지도 못하리라. 태양이 지겹다는 느낌이 드는구나. 온 우주가 이제는 끝장나면 좋겠다. ─ 경종을 울려라! ─ 바람아 파멸아. 오너라! 과인은 적어도 무장은 갖추고 죽으리라.

맥베스: 네 놈은 헛수고를 하고 있어. 예리한 칼로 허공을 자국을 내는 것이 내 피를 보기보다 더 쉬울 테니까. 그 칼로는 깰 수 있는 투구나 내려쳐라. 난 불사신, 여자의 몸에서 태어난 자에게 굴복할 순 없느니라.
맥더프: 불사신아 절망해라. 내가 항상 섬겨왔던 수호신이 말할 거야. 맥더프는 때 이르게 제 어미의 자궁을 찢고 나왔노라고.

─ 〈맥베스〉, 민음사

인간을 포함한 모든 것을 지배하는 필연적이고 초월적인 힘을 운명으로 정의할 수 있는데, 현실에서 인간은 자신의 선택결과를 운명의 탓으로 돌리면서 자신의 선택에 따르는 책임을 회피하거나 잊으려 한다. 다른 한편으로 초월적인 그 힘에 대해 끊임없이 거부하고 도전하기도 한다.

죽은 사나이 앞으로 온 편지의 배달, 불길한 꿈의 내용, 환영과 혼령의 예언 등 〈모비딕〉과 〈맥베스〉에서 나오는 운명적 상황은 모두 인간에게 발생하는 것이지만, 그러한 상황이 왜 유독 자기 자신에게 일어나야 하는지에 대한 원인은 합리적으로 설명할 수가 없다. 그것에 대해 비웃거나 무시하거나 모른 척할 수 있지만 결과는 운명의 힘에 따라 일어나고 만다.

맥베스는 우연히 접한 예언에 반신반의하면서도 일이 예언과 같이 진행되어감에 따라 그 흐름에 자신을 맡기지만 파멸하게 되는 대목에 와서는 거세게 저항한다. 이와 달리 에이허브는 모비딕에게 파멸당하는 것보다 모비딕을 자기 손으로 잡는 것을 운명으로 삼는다. 그런 그이기에 여러 번 나타나는 불길한 징조도 그를 멈추게 하지 못했다. 파멸이 가까워지는 상황에서도 인간 에이허브는 남들이 말하는 운명을 믿지 않으며 자신의 목표, 자신이 만든 운명에만 집중한다. 에이허브에게는 외부에서 주어지는 운명이란 없으며 운명을 만드는 것은 자기 자신이기 때문이다.

인간은 불완전한 존재지만 그 불완전함에서 오는 결점을 극복하기 위해 끊임없이 노력한다. 물론 자신의 한계를 한계로서 인정하고 안주하는 사람들이 대부분이겠지만 맥베스와 에이허브는 대표적으로 운명에 맞서 저항하는 인물로 그려진다. 그러나 맥베스와 에이허브는 결국 인간을 초월한 필연적 힘에 의해 패배하고 만다. 이것을 통해 작가가 말하고자 한 것은 무엇이었을까? 운명에 맞선 인간의 적극적 저항을 이야기하면서도 인간의 능력을 뛰어넘은 것에 패배할 수밖에 없는 존재 또한 인간이라는 것 아닐까?

에이허브와 스타벅

"옳소! 옳소!" 작살잡이도 선원들도 흥분한 노인 주위로 몰려들며 부르짖었다. "백경을 놓치지 마라! 모비딕을 찔러 죽여라!"

"고맙다, 고마워!" 에이허브는 흐느끼듯이 부르짖었다. "이봐, 주방장! 술을 잔뜩 가져와라. 그런데 스타벅, 자네는 왜 그렇게 시무룩해 있는가? 자넨 백경을 쫓지 않을 텐가? 모비딕과 싸울 생각이 없단 말인가?"

"에이허브 선장, 우리가 하는 일이 정당하다면 나는 그놈의 굽은 턱이고, 아니 사신(死神)의 턱이라도 상대하겠습니다. 하지만 나는 고래를 잡으러 왔지 선장의 원수를 갚으러 온 건 아닙니다. 설사 복수를 했다 하더라도 그것이 도대체 몇 통의 기름을 낸단 말입니까? 우리의 낸터컷 시장에서는 그다지 벌이가 안 될 겁니다."

"낸터컷 시장이라고? 흥, 이리 가까이 오게, 스타벅. 자네는 좀 더 깊은 곳을 봐야 해. 돈을 표준으로 한다면, 만일 회계원이 이 지구의 값어치를 재는데, 1인치 3분의 1마다 한 개씩 기니아 금화를 매달아 그것으로 지구를 감는다 하더라도, 그만한 값어치의 지구보다 내 복수가 내 이 가슴속에 더 큰 가치를 가져온단 말이다."

사람이 뭔가를 때려부수려면 그 가면을 때려부숴야 해. 죄수가 벽을 부수지 않고 어떻게 밖으로 나올 수 있겠는가? 내게는 그 백경이 벽이고, 그것은 눈앞에 버티고 있어. 그 벽 저쪽에는 아무것도 없다고 생각하는 때도 있지. 그러나 그것이 어떻다는 건가? 그놈은 나를 괴롭히고, 내게 덤벼들고 있다. 헤아릴 수 없는 이상한 악의에 사로잡혀 흉포한 힘으로 달려드는 것을 나는 알고 있다. 그 헤아릴 수 없는 이상한 것이 무엇보다도 내가 미워하는 거다. 백경이 그것의 대리이건 또는 그 본체이건 나는 그놈에게 내 증오를 풀고야 말겠다. 나를 보고 신을 모독한다는 따위의 말은 하지 말라, 스타벅. 모욕을 당하면 태양이라도 때려부술 나다. 태양이 해도 좋은 일이라면 나라고 해서 나쁘지는 않겠지. 이 세상은 공명정대(公明正大)한 세계, 자기 자신을 지키고자 하는 마음은 이 세상에 있는 모든 것에 널리 퍼져 있으니까. 그러나 그 공명정대함에도 나는 지배되지 않는다. 무엇에도 지배되지 않는다. 진리는 무엇에도 구속되지 않으니까. (중략) 이제 스타벅도 내 것이다. 반란이라도 일으키지 않는 한, 나를 거역할 수는 없을 거야.”

“하느님, 나를 지켜주옵소서! ― 우리들 모두를 지켜주옵소서!”
스타벅은 나직이 중얼거렸다.

모비딕에게 한쪽 발을 잃은 에이허브는 광적으로 모비딕을 잡는 것에 집착한다. 그러나 피쿼드 호는 선장 에이허브만의 배는 아니다. 피쿼드 호의 일등항해사 스타벅은 지극히 현실적인 인물로 고래를 잡고 돈을 벌고 그렇게 고향으로 돌아가고 싶어한다. 그런데 선장 에이허브는 개인의 광기를 선원들에게 전염시키며 모비딕을 쫓는 단 하나의 목표로 이끌려고 한다.

에이허브는 선장이라는 권위를 통해 선원들에게 자신의 복수를 강제하고 있는 듯 보이지만 조금 더 생각해 보면 선원들에게도 모비딕은 단순한 돈벌이 대상만은 아니었을 것이다. 소극적으로 생각하면 하필 자기가 탄 배의 선장이 에이허브라는 자였고, 그는 그 고래에게 다리를 잃음으로써 제정신을 잃고 광인이 되었다. 배가 이미 출항했으므로 돌아갈 수도 없다. 그리고 고래를 잡아 돌아가지 않으면 일한 대가를 한푼도 받지 못할 것이다. 그러나 에이허브는 현실적인 스타벅과의 대화에서도 드러났듯 눈앞의 기름보다 모비딕 사냥을 항해의 최종목표로 두고 있다. 에이허브의 논리를 살펴보면, 일생을 모두 바친 바다에서 자기가 잡으려던 고래에게 다리를 잃었고 그것에 대해 복수한다는 것이지만, 그 한 개인이 하필 선장이었다는 설정만으로는 결코 피쿼드 호의 항해를 계속하게 만들긴 힘들었을 것이다. 항해시 선원들에 대한 사법권까지도 가지는 선장에 대해 선원들이 저항하는 것은 쉬운 일이 아니긴 하지만, 선상 저항과 폭동은 실제로 발생하는 일이었음을 생각해 볼 때, 스타벅과 선원들의 불만이 끝없이 고조되어 선장의 광기를 압도하는 순간 집단의 항해 자체가 멈춰지거나 항해방향을 다르게 돌릴 수도 있었으리란 것이다. 이렇게 놓고 보면 에이허브의 논리가 선장으로서 선원들에게 내려지는 일방적인 강제만이 전부가 아니라는 것을 생각해 볼 수 있다.

현실 세계에 안주하면서 현실적 행복을 추구하는 인간형

을 스타벅으로 놓는다면, 에이허브는 분명 현실 세계에 안주하려고만 했던 존재가 아니다. 그의 광기는 자신이 세운 목표의 집착에서 나오는 것인데, 모비딕을 잡는다는 외형적 목표는 비록 다른 선원들과 같다고 하더라도 에이허브가 그 목표에 부여한 의의가 남들과 같지는 않다.

에이허브 자신이 밝히듯 고래는 개인의 복수대상이지만 그것은 돈을 위한 것도 단순히 자신의 신체 일부를 훼손한 것 때문만도 아니다. 인간의 한계 밖에 있는 대상에 대한 인간의 끝없는 도전과 욕망을 온몸으로 보여주는 존재야말로 에이허브인 것이다. 벽을 뛰어넘지 않고 그 벽 뒤에 있는 것을 알 수 없다. 그런데 그 벽 뒤에 있는 존재는 인간이 극복해야만 하는 악이다. 고래를 단순히 돈벌이 대상으로 삼지 않았던 에이허브에게 모비딕은 인간을 영원히 괴롭히는 악이므로 그 임무를 스스로가 자신에게 부여하고 있는 것이다. 이런 에이허브였기에 이 항해는 단순히 고래 기름을 위한 것이 아닌 악을 박멸하려는 인류의 모험인 것이고, 이러한 수준에까지 동의하지 않고 있지만 선원들도 본의 아니게 그 모험에 동참하게 되는 것이다.

현실적인 인간 스타벅이 에이허브를 꺾을 수 없었던 것은 에이허브가 선장이라는 외형적 지위보다 목표에 대한 의미 부여와 그것을 달성하려고 하는 집념의 차이 때문이다.

"누구냐?" 발소리를 듣자 되돌아보지도 않고 말했다. "갑판으로 나가라!"

"선장, 아닙니다. 접니다. 선창의 기름이 새고 있습니다. 도르래를 올려 선창에서 통을 꺼내야 합니다."

"도르래를 올려 꺼낸다? 지금 일본에 다가가고 있는데 여기서 일주일 동안이나 정지해서 통을 수리한단 말인가?"

"그렇게 해야지요. 그렇지 않으면 일 년 걸려서 얻을 기름을 하루에 다 잃고 말 겁니다. 2만 마일이나 달려와서 겨우 얻은 기름이니, 절약할 만한 가치야 있겠지요."

"물론 그렇지, 만일 잡으면 말이다."

"저는 선창의 기름을 말하고 있습니다."

"그런데 나는 그것을 말하고 있는 것이 아니야. 조금도 생각하고 있지 않단 말이다. 가보게, 새는 대로 내버려두게나. 나 자신도 온몸이 새고 있어. 그래. 구멍투성이야. 새는 통이 새는 배 안에 있단 말이다. 이건 피쿼드 호보다 훨씬 심한 걸! 난 새는 데를 막기 위해 서지는 않겠다. 깊숙한 선창에 새는 데가 있는 것을 누가 찾겠는가? 아니 설혹 찾았다 한들 이와 같은 인생의 울부짖는 열풍 속에 어떻게 그것을 막을 희망이 있겠는가? 스타벅, 나는 도르래를 올리게는 않겠다." (중략)

"아닙니다. 선장. 저는 간청하는 겁니다. 감히 말씀드리겠는데, 선장―아니, 꾹 참고 있는 겁니다. 선장, 우리는 서로를 더욱 이해해야 합니다." (중략)

"당신은 격노한 것이지 나를 모욕한 것은 아닙니다. 그러므로 당신은 스타벅을 조심하지 않아도 됩니다. 웃어버리면 됩니다. 그러나 에이허브는 에이허브를 조심하십시오. 당신 자신을 조심하란 말입니다, 선장!"

"그놈, 용기를 냈군. 그래도 복종은 했어. 신중을 기한 용감성이야!" 하고 스타벅이 사라지자 에이허브는 혼자 중얼거렸다. "뭐라고 했지… 에이허브는 에이허브를 조심하라고? 뭔가 뼈가 있는 말 같군." 그리고는 무의식적으로 총을 지팡이삼아 엄숙한 표정으로 작은 선장실 안을 이리저리 거닐었다. 그러다가 이마의 깊은 주름살을 좀 펴고 총을 다시 총가에 갖다둔 다음 갑판으로 올라갔다.

"자네는 훌륭한 남자야, 스타벅!" 그는 나직이 항해사에게 말했다. "웃돛을 감아라. 중간돛을 좁혀라. 큰돛대의 아래활대 뒤로. 도르래를 올리고. 선창을 열어라."

스타벅에 대해 에이허브가 왜 이러한 태도를 취했는가 하는 것을 정확히 추측하기는 아마 무리일 것이다. 그것은 그의 내부에 있는 성실성의 섬광이었는지도 모르며, 혹은 이러한 상황에서는 자기 배의 최상급선원이 일시적이나마 명백히 불만을 품었다는 어떤 징조도 겉으로 드러나지 않도록 최선을 다하는 그의 신중한 정책에서 나온 것인지도 모른다. 그것은 어떻든 간에 그의 명령은 실행되어 도르래는 올려졌던 것이다.

선장 에이허브는 전 선원들을 상대로 무력을 사용해서 권위를 지켜내거나 모험에 동참시키지는 않는다. 모비딕이 나타나기 전까지 고래를 잡았고, 모비딕의 등장으로 그것을 추격하는 동안에도 이성적인 판단을 포기했다고까지는 볼 수 없다.

새는 기름을 놓고 펼치는 에이허브와 스타벅의 대화를 볼 때 우리는 에이허브를 단순히 광인이라고 보기에는 힘든 구석을 찾을 수 있다. 스타벅의 기름 이야기에 대해 에이허브는 그 기름을 앞으로 잡아야 할 모비딕에게서 나오는 것으로 생각한다. 그러나 현실적인 인간인 스타벅은 그동안 잡은 고래의 기름을 이야기하고 있었다. 각자의 목표가 어디에 있는지 확연하게 드러나는 대목이기도 하지만 선장 에이허브는 모비딕 추격을 멈추고 새는 기름을 막는 조치를 취하게 한다. 배에서 절대권력자이지만 만일 에이허브가 완전히 이성을 잃은 광인이라면 피쿼드 호의 항해는 다른 상황으로 펼쳐졌을 것이다. 선원들의 신뢰를 잃은 선장에게 권력은 무의미할 것이며, 그 권력의 집행은 이제 선장에서 선원들에게로가 아니라 선원들에게서 미친 선장에게 돌려질 것이기 때문이다.

에이허브의 복수는 일차적으로 개인의 것이었다. 그러나 아무리 자신이 탄 배의 선장의 복수라지만 그의 논리에 선원들이 수긍해서 항해를 계속했던 이유는 선장 개인의 목표가 비록 내용은 다르지만 같은 결과를 향한, 자신의 것이 될 수도 있다는 연관에서 찾아야 하지 않을까?

고래를 잡아 돈을 벌고 있는 선원들에게 고래는 피해야

할 대상이라기보다 당연히 쫓아야 할 돈이었을 것이다. 물론 생명을 위협받으면서까지 '모비딕'이라는 놈을 쫓아야 할 이유는 없겠지만, 개개인이 선장이 아니다 보니 추적대상과 방향을 정할 수는 없을 것이다. 다소 광기가 있어 보이지만 돈벌이인 고래를 추격하는 선장에게 굳이 반기를 들 명분은 약하고, 아직 그 아무도 잡지 못해 유명해진 흰 고래를 자신들이 잡는다면 인간에 맞선 거대한 피조물을 제압했다는 명예 또한 얻으리라 기대했을 것이다. 새는 기름을 막기 위한 선장의 조치는 단순히 그의 광기가 선원들의 전체 행동을 결정한 것이 아니라, 선장과 선원들의 목표가 일치되었다는 것, 그렇지만 목표를 향한 접근 방식이 다르다는 것을 알게 해준다. 돈벌이를 목표로 한 선원들과 악을 박멸하려는 처절한 개인적 욕망은 항해가 끝날 때까지 파국적인 충돌은 일으키지 않는다. 한 배에 탄 운명으로 그들은 모비딕을 쫓고 있었던 것이다. 그러나 모비딕에 대한 추격은 무엇보다 에이허브의 존재 없이는 설명될 수 없다. 물론, 선장이라는 그의 형식적인 지위도 염두에 두어야겠지만, 작가가 궁극적으로 말하고자 한 것은 형식에 의한 강제가 아니다. 자신이 하는 일에 대한 의미 부여는 같을 수가 없다. 그리고 그것을 이루어가는 과정의 노력 또한 목표를 어떻게 설정하느냐에 따라 달라진다. 인간은 사회적 존재다. 개인이 아니라 집단으로 인간은 사고하고 행동한다. 물고기가 물을 떠나 살 수 없듯 각 개인은 지극히 개인적인 사고, 판단,

행동을 하고 있다고 여기지만 그것은 그가 몸담고 있는 사회
와 무관할 수 없는 것이다.

　　같은 대상 모비딕을 향한 각자의 생각은 다르다. 그러나
그들은 모비딕을 쫓는다. 그리고 그 가운데 인간의 벽을 뛰어
넘으려는 의지와 결의를 가진 적극적 인간 에이허브가 있다.
인간의 한계를 극복하려는 에이허브의 욕망은 단순한 돈벌이
이상으로, 배를 타고 있는 선원들과 같을 수 없으며, 에이허브
자신의 목표설정과 의의가 다른 선원들을 압도한 것이다. 인
간의 한계를 극복하려는 존재로 에이허브는 자신의 능력을 극
대로 발휘하게 된다. 흰 고래를 잡는 것이 아니라 악을 말살해
야 하는 의무를 자신에게 부여한 존재이기에 그것으로 에이허
브는 집단을 움직일 수 있었던 것이다.

　　"그놈한테 준 그 팔은 이제 그놈 거야, 이젠 어쩔 수 없지. 그땐
그놈을 알지 못했으니 말이야. 하지만 나머지 한 팔은 줄 수 없지. 백
경은 이제 질색이야. 한 번은 그놈 때문에 보트를 내렸지만, 그것으
로 나는 만족이다. 물론 그놈을 죽인다면 큰 영광인 줄은 나도 알고
있어. 좋은 고래 기름이 배에 가득 찰 거란 것도 알고 있어. 선장은
그렇게 생각하지 않소?" — 고래뼈 다리를 흘끗 보면서 부머 선장은
말했다.

　　"그건 그렇지. 하지만, 그래도 역시 쫓지 않을 수 없어. 그 저주
받은 놈은 내버려두는 게 상책이겠지만, 그래도 제일 마음을 유혹한

단 말야. 그놈은 자석과 같은 거야. 선장이 마지막으로 그놈을 본 지 얼마나 되었지? 놈은 어느 쪽을 향하고 있던가?"

"오오, 신이여, 내 영혼을 보호하시고, 그 저주받을 놈의 악마에게 저주를 내리소서." 뱅거는 몸을 굽혀 에이허브의 주위를 돌아다니며 개처럼 이상하게 코를 킁킁거렸다. "이 사람의 피는—체온계로 재보고 싶군.—피가 끓고 있어—이 사람의 맥박이 이 갑판을 진동시키고 있어."

에이허브처럼 모비딕을 잡으려다 한쪽 팔을 잃어버린 부머 선장과의 만남은 선장 에이허브와 선원들의 흰 고래를 쫓는다는 목표는 같지만 그것이 어떻게 다른지를 생각해 보게 한다.

부머가 모비딕에게 팔을 잃고 보인 자세는 운명에 대해 포기하는 모습이다. 한쪽 팔을 잃는 것으로 되었지, 또다시 한쪽 팔을 잃고 싶지는 않다. 그 고래를 죽일 수 있다면 영광이지만 다시 모험을 하지 않겠다. 그러나 피쿼드 호의 선장 에이허브는 한쪽 다리를 잃은 것에서 포기하지 않는다. 에이허브에게 모비딕은 단순히 잡지 못한 큰 고래, 자신의 다리를 앗아간 괴물로 끝나지 않기 때문이다.

소년으로 시작해서 이제 늙은이가 되어버린 에이허브에게 포경은 자신의 삶 그 자체였을 것이다. 인생을 바다위에서 보내면서 무수한 고래를 잡았던 그의 눈앞에 어느 날 나타난 흰 고래는 이제껏 본 것 중 가장 큰 놈이었고, 그것을 자기 손으로 잡으려다가 이 운명적인 첫 번째 조우에서 패배하게 된다. 만약 에이허브가 결과적으로 자기 인생의 전부를 걸고 쫓던 셈이 된 고래가 아니라 배에서 발생한 사고로 다리를 잃었다면 이처럼 명확하게 복수할 대상을 찾지 못했을 것이다. 명확한 대상을 찾지 못해 자신의 인생과 불행을 저주하다 자포자기할 수도 있었을 그에게는 어디에 있는지 모르지만 아직 잡히지 않는 모비딕이란 구체적인 대상이 있다. 자신의 한쪽 다리를 물고 사라진 흰 고래, 인간에게 감히 도전한 한낱 미물, 그러나 인간이 정복하지 못하는 거대한 대상.

그러나 모비딕이 단순히 자신의 직업과 연관된 화려한 마무리만이었다면 자신을 포함하여 선원들을 사지로 몰아넣지는 않았을 것이다. 그런 단순한 이유로는 집단을 설득하고 감복시킬 수 없기 때문이다. 비록 선원들이 그의 대의에 동의할 수 없었지만 에이허브가 내세운 논리는 인간의 운명—악—을 자기 힘으로 극복하자는 것이었다. 에이허브에게 모디빅은 단순한 고래가 아니라 인간이 정복할 수 없는 미지이자 악마이며 끊임없는 도전을 부추기는 존재였기 때문이다.

우리에게 모비딕은 무엇일까?

이제 거의 모든 선원들은 갖가지 일을 하다 말고 뛰어나온 듯이 손에 망치며 판자 조각이며 창이며 작살 등을 무의식적으로 쥔 채

이물에서 몸을 내밀고 멍하니 지켜볼 뿐이었다. 마법에라도 걸린 듯한 그들의 시선이 일제히 지켜보는 가운데 고래는 그들의 운명을 지배하는 듯 머리를 이상야릇하게 좌우로 흔들면서, 부채꼴로 퍼져가는 거품의 널따란 띠를 그 앞에 들끓게 하면서 맹렬히 돌진해 왔다. 박해에 대한 보복, 불타는 원한, 사라지지 않는 적의, 이러한 것들이 하나로 응결된 것 같은 모습이었다. 인간의 힘으로는 속수무책인 가운데, 그 견고한 하얀 성벽과 같은 이마로 이물의 우현을 맹렬히 들이받은 순간, 사람이고 선체고 모두 비틀거렸다. 어떤 자는 나가떨어져 엎어졌다. 작살잡이들의 머리는 떨어진 장관(檣冠)처럼 그들의 황소와도 같은 목덜미 위에서 떨고 있었다.

뚫린 구멍에서 흘러들어오는 바닷물 소리가 계곡을 흘러내리는 격류처럼 울려 퍼졌다.

에이허브는 몸을 굽혀 그것을 풀려고 했는데, 사실 그것을 훌륭히 풀었으나, 나는 듯이 풀려나가는 밧줄이 목에 감겨, 마치 묵묵히 교수형을 집행하는 터키의 벙어리 형리(刑吏)처럼 소리도 없이, 선원 중 아무도 그가 없어진 것을 알아채기 전에 보트에서 사라지고 말았다.

다음 순간, 밧줄 끝에 달린 묵직한 고리가 텅 빈 밧줄통에서 튀어나가면서 한 명의 노잡이를 때려눕히고, 해면을 치며 물 속 깊이 사라져버렸다.

한순간 선원들은 멍하니 서 있다가 이내 되돌아보았다.

"배는? 오오, 신이여, 배는 어디에?"

얼마 뒤 그들의 눈에는 희미하게 낀 어른거리는 대기를 통해 비스듬히 기울면서 사라져 가는 그들의 배의 환영이 마치 공중에서 흔들리는 신기루와도 같이 비쳤다. 다만 돛대의 꼭대기 부분만이 물 위로 나와 있었다. 그리고 그 이교(異敎)의 작살잡이들이 무엇에 홀려서인지, 충성된 마음에서인지, 혹은 그것이 그들의 운명이었는지, 한때는 높이 솟아 있던 그들의 장두(檣頭, 돛대의 맨꼭대기)에 못 박힌 채 여전히 해상을 망보면서 침몰해 갔다.

모비딕을 잡겠다는 시도는 실패하고 만다. 한쪽 다리를 잃었던 에이허브는 이제 목숨까지 모비딕에게 잃게 되고, 피쿼드 호는 침몰해 버린다. 모디빅을 쫓아 지구 곳곳의 바다를 헤매던 인간은 바다 속에 그들의 종착지를 정하게 된 것이다.

쫓던 인간들은 사라지고 다시 미지의 세계로 돌아가버린 모비딕. 그렇다면 과연 오늘날 우리에게 모비딕은 무엇일까?

모비딕에 대한 인간의 추격의 핵심은 돈이 아니다. 물론 일반 상선이 모비딕을 쫓는 것은 아니기에 고래 사냥을 통해 돈을 벌겠다는 인간의 욕심이 기초가 된 것은 사실이다. 그러나 에이허브로 상징되는 인간형은 몇 통의 기름이 목적이 아니었다. 현실에 만족하면서 현실에 안주할 수 있는 범위 내에서 노력하는 인간형을 스타벅으로 놓을 때, 에이허브는 분명 그와 다른 길을 간다. 한쪽 다리를 잃은 것 때문에 모비딕에 집착한다고 할 수 있겠지만, 따지고 보면 자신의 인생을 통해 엄청난 수의 고래를 잡았던 에이허브에게 유난히 큰 고래 한 마리는 지금껏 사냥한 고래의 수를 올려주는 것 이상의 의미가 있었을 것이다. 한쪽 다리를 잃지 않았다 해도 그는 자신이 잡지 못한 그 고래에 대해 편한 마음을 가지지 못했을 것이다. 즉, 에이허브에게 자신의 인생을 통해 형성된 사냥 능력은 어쩌면 완벽한 것으로, 인간의 능력이 닿을 수 있는 최대치까지 도달했다고 생각했을 것이다. 자신의 능력을 뛰어넘는 존재, 그것도 이제껏 자기 창 아래 배를 뒤집고 죽었던 고래 중 한 마리가 어느 날 공격을 가해 신체를 훼손했을 때 에이허브는 분노 이상의 것을 마음에 품게 되었다.

자신의 발밑에서 얌전히 항복하던 자연의 저항에 직면한 인간. 인간의 분노는 어느덧 인간 스스로가 온전히 해명할 수 없는 '악'이란 개념을 그 대상에 투영하게 된 것이다. 고래를 만든 것은 인간이 아니지만, 그 고래를 악으로 상정하는 것은 인간이며, 이러한 것은 인간의 충족되지 못한 욕망이 결국 대상에 덧씌워지기 때문이다. 자신의 욕망을 대상에서 완전히 충족하지 못할 때, 그리고 그것이 지금 자신의 능력 밖이란 것을 어쩔 수 없이 인정해야 할 때, 인간이 택하는 정신승리법은 그것을 '악'으로 만드는 것이다. 극복하지 못한 대상에 대한 인간의 욕망이 대상을 '악'으로 만든 것이며, 이런 과정을 통해 인간은 자신의 능력을 극단으로까지 밀어붙이게 된다.

평범한 한 인간의 복수가 아니라 초인간적인 에이허브의 악에 대한 징계는 이런 과정을 통해 가능했던 것이다. 그러나 그러한 노력도 결국 자연의 위대한 힘 앞에서 꺾이고 만다. 아마 이런 결과를 운명이라고 작가는 상정했을 것이다.

이 같은 일련의 과정을 통해 남는 것은 무엇일까? 인간은 끊임없이 욕망을 부풀리며 달성하려고 몸부림친다. 자신의 욕망 자체를 정당화하기 위한 시스템도 갖추려고 한다. 불완전한 자신을 완벽한 존재로 만들고, 또한 이러한 자신의 노력은 개인의 이익이 아니라 인류의 숙원을 종결짓는 성스러운 작업으로. 그러나 그 욕망을 어떻게 정의하느냐와 상관없이 그는 자신이 하고픈 것의 발현, 자신의 욕망 안에서 발버둥치다가 끝내 좌절할 수밖에 없는 존재임이 증명되는 것이다.

우리에게 모비딕은 무엇일까? 그 해답은 지금도 자신의 내부에서 끝없이 팽창하고 있는 욕망에서 찾을 수 있지 않을까?

(가) 미국의 포경업은 미국의 육군, 해군, 상선 및 철도나 운하 건설에 종사하는 인부의 집단과 다름이 없다. 다름이 없다는 것은 이 방면에서도 순수한 미국인은 주로 두뇌를 제공하고, 다른 세계에서 온 사람들은 대체로 근육을 제공하고 있다는 말이다. (중략)

이 피쿼드 호 선원들도 대부분이 섬사람들이며, 게다가 고도(孤島)라고나 칭하고 싶은 모습으로 인류라는 공통의 대륙을 모르고 제각기 자기만의 대륙에서 살며 고립되어 있는 것이다. 게다가 그들이 하나의 배 안에 통합되었을 때, 그것이 어떤 고도 군상을 그려냈던 것인가!

(나) 일반 육상인에게 바다의 원주자들은 말할 수 없는 위화감과 두려움만을 자아내게 했으며, 우리는 또한 바다를 영원히 미지의 나라라고 믿어왔다. 그러므로 콜럼부스는 바다에 뜬 하나의 대륙을 발견하기 위해 무수한 미지의 세계를 항해했고, 또 모든 참사 중에서도 가장 처참한 참사가 태고적부터 함부로 바다에 나갔던 수만 명의 사람들 머리 위에 떨어졌던

것이다. 또 조금만 생각해 보아도 어린아이와 같은 인류가 아무리 그 과학과 기술을 자랑하고, 또 장밋빛 미래에는 그 과학과 기술이 아무리 진보한다 하더라도 바다는 영원히 한없이 인간을 모욕하고 살해하여 파멸의 구렁으로 떨어뜨리고, 인간이 만드는 아무리 견고한 군함도 분쇄하고 마는 것이다. 그러나 이러한 인상이 부단히 되풀이됨으로써 인간은 원시 이래 구비되어 있는 바다의 본래의 무서움을 충분히 헤아릴 감각을 잃어버리고 만 것이 아닐까.

〈문제 1〉 제시문 (가)에 나타난 당시 포경업의 인종구성과 역할을 참조하여, 밑줄 친 부분이 실제 어떤 모습이었을지 설명해 보시오.(100자 이내)

〈문제 2〉 제시문 (나)의 밑줄 친 부분의 원인에 대해 간략히 설명하시오.(100자 이내)

(가) 세 척의 보트에는 구멍이 뚫려 있고, 노도 바람도 사람도 소용돌이 속에서 휘둘리고 있다. 단검을 쥔 한 선장이 부서진 이물에서 아칸소의 결투자와 같이 고래에게 덤벼들어 고래의 생명을 끊으려고 그 6인치의 칼날로 정신없이 찌르고 있다. ─ 그 선장이 바로 에이허브였다. 그러자 갑자기 낫 모양의 아래턱을 치켜들자 모비딕은 마치 들에서 풀을 베는 사람처럼 에이허브의 발을 잘라 버렸던 것이다. (중략) 그 목숨을 걸었던 격투 이래 에이허브가 백경에 대하여 미친 듯한 복수심을 품어왔다고 해도 이상한 일은 아니다. 그뿐만 아니라 그 복수심에서 더욱 두려운 것은 에이허브가 자신의 육체적 고통뿐만 아니라 자신의 모든 지적, 정신적 고뇌까지도 다 모비딕과 결부시키기에 이르렀다는 것이다. (중략) 사람의 마음을 미치도록 괴롭히는 것, 위해를 일으키는 모든 것, 악의를 품은 모든 진리, 근골을 분쇄하고 뇌수를 짜부라뜨려 생명과 사고를 미묘하게 지배하는 악마성 ─ 이들 모든 악은 미친 듯한 에이허브에게는 모비딕이라는 구체적인 형태를 지니고 나타나며, 이를 때려부숨으로써 악 그 자체도 때려부술 수 있다고 생각되었다.

(나) "멜빌이 〈백경(白鯨)〉에서 보여주는 시각이 더 깊이 있습니다. 미국의 본질을 더 예리하게 꿰뚫고 있다고 할 수 있습니다."

"백경의 무대가 되었던 낸터컷 섬을 보러 갔었습니다. 고래 사냥의 전초기지였던 섬이라고 들었습니다. 포경산업이 미국의 산업혁명을 이끌었다고 했습니다."

"모비딕(Moby-Dick)이라는 흰 고래를 향하여 불태우는 에이허브 선장의 이유 없는 집념과 증오를 퓨리터니즘과 연결시키는 비판적 시각을 갖고 있지요. 그러나 멜빌의 이러한 주장은 주목받지 못했습니다. 완고한 벽을 느꼈을 겁니다. 그는."

"모비딕은 무엇을 상징하는 것이라고 봐야 합니까. 에이허브 선장과 함께 결국 공멸(共滅)하는 것으로 되어 있는데요?"

"신대륙 그 자체이기도 하고 아메리카 원주민의 건강한 가능성이기도 하구요 또 스타인벡의 〈분노의 포도〉에 나오는 개척 농민을 예상한 것일 수도 있겠지요."

(중략)

"문제는 미국은 역사적으로 계속 모비딕과 같은 악마(Devil)를 가지고 있다는 사실입니다. 항상 마녀가 있고 마녀 사냥이 있었지요. 프런티어도 같은 개념이라고 할 수 있습니다. 최근에는 문명 충돌이라는 도식으로 21세기를 내다보지요. 이슬람이 모비딕이 될 가능성도 없지 않지요."

　"어쨌든 나는 월가가 있는 뉴욕이 미국에 더 가깝다고 생각합니다."

　"월가는 이미 뉴욕을 넘어섰지요."

　(중략)

　"돈이 아닙니다. 월가가 가리키는 손가락을 봐야 합니다."

　"어디를 가리킵니까?"

　"알 수 없지요. 한 가지 분명한 것은 계속해서 같은 곳을 가리키는 법이 없다는 겁니다."

　"에이허브 선장의 손가락입니다."

　"그렇다면 모비딕입니까?"

　"아닙니다. 자동차, 전투기, 컴퓨터, 외환시장… 계속 바뀌고 업그레이드됩니다."

　"낡은 판(version)을 생산하는 나라는 사양산업(斜陽産業)의 하치장이 되었지요. 더 늦은 나라에 서둘러 플랜트를 넘기지 않으면 안 됩니다."

　"낡지 않아도 낡게 만들 수 있습니다."

　"그렇다면 모디빅을 만들어낸다고 해야지요."

　"어느 것이든 언제든지 모비딕이 될 수 있지요. 대상보다는 변화 그 자체가 더 중요한 의미를 갖게 됩니다."

— 신영복 〈더불어 숲〉

〈문제 1〉 제시문 (가)를 참조하여 '모비딕'이 무엇을 상징하는지 사례를 들어 설명하시오.(400자 이내)

〈문제 2〉 제시문 (나)와 같은 입장에서 '모비딕'이 의미하는 바를 정리하고, 오늘날 한국 사회에서 '모비딕'이라고 생각할 수 있는 것을 구체적인 사례를 통해 설명하고, 그 해결방안에 대해 논해 보시오.(1,200자 이상)

〔OO대입〕 이화여대 논술고사 문제

〈논제〉 오늘날 돈은 단순한 교환 수단이나 재화 축적 수단 이상의 복합적 의미를 가지고 있다. 아래의 제시문들을 논의의 근거로 삼아 현대 사회에서 돈이 지니는 의미를 개인이 추구해야 할 삶의 질과 관련시켜 논술하시오.

(가) 바다에 나갈 때 나는 한낱 선원으로서 나간다. 그래서 돛대 앞이나 갑판 아래, 또는 제일 높은 마스트의 꼭대기에서 궂은일을 도맡아 한다. 물론 무슨 일이든지 명령을 받아야 하는 신세이니, 5월의 초원에 뛰노는 메뚜기처럼 이 마스트에서 저 마스트로 바삐 뛰어다녀야만 한다. 이것은 확실히 괴로운 일이다. 특히 지방 명문가에서 태어난 사람이라면 더욱 자존심이 상할 것이다. 배를 타는 일로 생계를 유지하기 직전까지 어느 시골 학교에서 교사로 으쓱대며 아무리 몸집 큰 학생이라도 두려워 쩔쩔매도록 한 경험이 있다면 교사에서 선원으로의 변신은 참으로 참담하기 그지없으리라. 세네카나 스토아학파 식의 높은 수양을 쌓지 않고선 적당히 코웃음을 치며 참는

다는 것은 불가능한 일이라고 나는 경고하련다. 그러나 시간이 지나면 이런 마음도 차츰 사그라든다.

시골뜨기 늙은 선장이 내게 비를 들고 갑판을 청소하라는 명령을 내린들 어쩌겠는가? 신약 성서에 비추어 보면 이 정도의 굴욕이 무슨 대수란 말인가? 노예 아닌 사람이 이 세상에 존재하느냐고 나는 묻고 싶다. 늙은 선장이 아무리 나를 혹사하고 괴롭힌다고 해도, 나는 다른 사람들도 나름대로 육체적 또는 정신적인 의미에서는 노예라고 자위하면서 스스로 만족해 한다. 결국 온 세상이 서로에게 주먹질을 하고 있으니 각자는 서로 어깨를 다독거리며 만족하는 수밖에 없다.

다시 한 번 말하지만 나는 언제나 일반 선원의 자격으로 바다에 나간다. 선원 일은 나의 노고에 대해 대가를 지불해 주기 때문이다. 동전 한 푼이라도 승객에게 돈을 지불한 예는 없다. 반대로 지불하는 쪽은 오히려 승객이다. 돈을 지불한다는 것과 돈을 받는다는 것은 이 세상에서 얼마나 큰 차이인가? 돈을 받는다는 것, 이를 무엇에 비할 수 있겠는가? 돈은 지상의 온갖 악의 근원이므로 돈을 가진 사람은 절대로 천국에 들어가지 못한다는 우리의 뿌리 깊은 믿음을 생각하면 사람이 돈을 받기 위해 행하는 갸륵한 수고야말로 참으로 놀라운 일이 아니겠는가? 아아, 얼마나 즐겁게 우리는 그 파멸에 몸을 맡기고 있단 말인가?

—허먼 멜빌 〈모비딕〉

(나) 가난은 일정한 화폐경제 단계에서만 지극히 순수하고 특수한 형태로 나타난다. 아직 화폐경제에 의해 매개되지 않은 자연적인 조건 하에서 그리고 농업생산물이 상품으로 등장하지 않는 경우에는 개인의 절대적인 궁핍이라고 하는 것은 매우 드물다. 20세기 초까지만 해도 러시아는 화폐경제의 영향이 미약한 지역에서는 개인적인 궁핍이 존재하지 않는다고 자랑스럽게 말하였다. 가난은 하나의 일반적인 현상으로서, 사람들은 화폐에 의존하지 않고서도 최소한의 필수품을 쉽게 얻을 수 있었기 때문이다.

  가난이 도덕적인 이상으로 나타나게 되면 그에 상응하여 화폐의 취득은 가장 위험한 유혹, 진정한 악(惡)으로서 혐오의 대상이 된다. 영혼의 구원이 최종 목표로 간주될 때 많은 교리에서는 가난이 긍정적이며 필수적인 수단으로 해석되고 왕왕 수단으로서의 지위를 넘어 그 자체가 중요하고 타당한 가치로서의 권위를 가지게 된다. 가난을 절대적인 가치로까지 고양시켰던 그러한 내적인 마음자세는 초기 프란체스코파 수도사들에게서 가장 열렬하고 명확하게 나타난다. 그들에게 가난은 독립적인 가치 혹은 심원한 내적 요구의 상관 개념이었다. 이 교단의 초기에 정통한 한 역사가는 이렇게 쓰고 있다. "프란체스코파 수도사들은 가난 가운데서 안전과 사랑, 자유를 발견하였다. 이 새로운 사도들이 필사의 노력을 다해 이 귀중한 보배를 보전하려고 했다는 것은 이상한 일이 아니다. 가난에 대한 그들의 숭배심은 거의 무한한 것이었다. 그들은 불타는 열정으로 그들의 애인에게 날마다 새로이 구혼했던 것이다.”

　　이와 같이 가난은 적극적인 소유물이 되었다. 가난은 영혼의 구원이라는 신성한 재화의 획득을 매개했고 다른 한편으로 경멸적이고 세속적인 재화를 얻기 위해 돈이 수행하는 것과 똑같은 역할을 수행했다. 돈과 마찬가지로 가난은 실제적인 일련의 가치가 흘러들어가고 다시 풍성하게 되어 흘러나오는 저수지였다. 가난은 지고한 의미에서 ‘세계는 모든 것을 포기하는 사람에게 속한다’는 사실의 표현인 것이다. 돈을 포기하는 사람은 모든 것을 상실하는 것이 아니라 오히려 가난 속에서―마치 탐욕스러운 사람에게 돈이 그러한 것과 마찬가지로―모든 사물 중에 가장 순수하고 정묘한 것을 소유하게 되는 것이다. 프란체스코파 수도사들은 ‘아무것도 갖고 있지 않으나 모든 것을 소유한 사람’이라고 불리어졌다.

― 게오르그 짐멜 〈돈의 철학〉

(다) 부유하지 못한 사람들은 스스로를 위로하기 위해 부(富)가 가져오는 불행에 대하여 터무니없는 이야기를 꾸며낸다. 마이다스는 자신의 딸을 황금으로 변하게 했고, 모든 것이 손대는 족족 황금으로 바뀌는 바람에 음식조차 먹지 못했다고 하면서 말이다. 그러나 부자가 불행하지 않다는 사실을 사람

들은 본능적으로 알고 있고 그것은 최근의 사회과학적 조사에서도 확인되고 있다. 부유해질수록 그만큼 행복해진다는 것이다.

부는 많은 소비재를 구매할 능력을 부여하지만, 오히려 그보다 훨씬 더 중요한 사실은 사람들에게 하고자 하는 일을 할 수 있는 능력을 제공해 준다는 점이다. 부유한 사람은 다른 사람을 고용하거나 해고하고, 승진시키거나 좌천시킬 수 있으며, 사업을 시작하거나 그만둘 수도 있고, 사업체를 이곳에서 저곳으로 옮길 수도 있다. 부유한 사람은 주위의 물적·인적 환경을 통제할 수 있다. 반면에 부유하지 못한 사람은 주위의 환경에 순응해야 한다.

부유한 사람은 정치적 영향력 역시 아무도 모르게 돈으로 살 수 있다. 선거 기부금을 통해 한 표 이상의 영향력을 행사할 수 있다. 직접적으로 정치 권력을 손에 넣을 수도 있다. 미국 상원의원의 반수 이상이 인구의 상위 1% 이내의 부유층이며, 저명한 상원의원과 주지사들 다수가 엄청난 부의 소유주들이다. 선거 자금의 필요성으로 말미암아 부를 소유하지 못한 정치가가 부패할 수밖에 없는 시대에는 부자가 유일하게 정직한 사람들이다. 그들은 자신의 선거 자금을 마련하기 위해 영혼을 팔 필요가 없기 때문이다.

개인의 사회적 서열을 매기는 중요한 척도 중 하나였던 부는 시간이 흐르면서 개인의 가치를 재는 거의 유일한 척도

가 되었다. 부는 자신의 패기를 입증하고 싶어하는 사람이 달
려들 만한 유일한 게임이다. 부는 치열한 경합장이다. 그곳에
서 시합을 하지 못하는 사람은 2류로 규정된다.

— 레스터 C. 서로 〈부의 구축(構築)〉

다락원 명작노트 **033**

모비딕

펴낸이 정효섭
펴낸곳 (주)다락원

초판 1쇄 인쇄 2007년 3월 16일
초판 1쇄 발행 2007년 3월 22일

책임편집 안창열, 김지영
디자인 손혜정, 박은진
번역 봉현선
삽화 손창복

다락원 경기도 파주시 교하읍 문발리 509-1
Tel:(02)736-2031 Fax:(02)732-2037
(내용문의: 내선 410/구입문의: 내선 113~114)
출판등록 1977년 9월 16일 제300-1977-23호

Copyright © 2007, 다락원

출판사의 허락 없이 이 책의 일부 또는 전부를
무단 복제·전재·발췌할 수 없습니다.
잘못된 책은 바꿔 드립니다.

값 8,500원

ISBN 978-89-5995-148-2 43740

영어 독해력 증강 프로그램
행복한 명작 읽기

〈행복한 명작 읽기〉는 기초가 약한 영어 초급자나 초, 중, 고 학생들이
보다 즐겁고 효과적으로 명작들을 읽으며 독해력을 키울 수 있도록 개발된
독해력 증강 프로그램입니다.

국판 | **Grade 1, 2, 3** 각권 6,000원(오디오 CD 1개 포함)
Grade 4, 5 각권 7,000원(오디오 CD 1개포함)
*어린왕자 8,000원(오디오 CD 2개 포함)
**고도를 기다리며 9,000원(오디오 CD 2개 포함)

책의 특징

1 골라 읽는 재미가 있다. 초보자를 위한 350단어 수준에서 중고급자를 위한 1,000단어 수준까지 5단계 구성.
2 단계별로 효과적인 영어 읽기 요령과 영문 고유의 참맛을 느낄 수 있는 장치가 곳곳에.
3 읽기만 해도 영어의 키가 쑥쑥 – 해석을 돕는 돼지꼬리(‿), 영어표현 및 문법 설명, 퀴즈가 왕창.
4 체계적인 듣기 학습까지. 전문 미국 성우들의 생동감 넘치는 원음을 담은 오디오 CD 제공.

Grade 1 Beginner	Grade 2 Elementary	Grade 3 Pre-intermediate	Grade 4 intermediate	Grade 5 Upper-intermediate
350words	**450**words	**600**words	**800**words	**1000**words
1 미녀와 야수	11 이솝 이야기	21 톨스토이 단편선	31 오페라 이야기	41 센스 앤 센서빌리티
2 인어공주	12 큰 바위 얼굴	22 크리스마스 캐럴	32 오페라의 유령	42 노인과 바다
3 크리스마스 이야기	13 빨간머리 앤	23 비밀의 화원	33 어린 왕자*	43 위대한 유산
4 성냥팔이 소녀 외	14 플랜더스의 개	24 헬렌 켈러, 나의 이야기	34 돈키호테	44 셜록 홈즈 베스트
5 성경 이야기 1	15 키다리 아저씨	25 베니스의 상인	35 안네의 일기	45 포 단편선
6 신데렐라	16 성경 이야기 2	26 오즈의 마법사	36 고도를 기다리며**	46 드라큘라
7 정글북	17 피터팬	27 이상한 나라의 앨리스	37 투명인간	47 로미오와 줄리엣
8 하이디	18 행복한 왕자 외	28 로빈 후드	38 오 헨리 단편선	48 주홍글씨
9 아라비안 나이트	19 몬테크리스토 백작	29 80일 간의 세계 일주	39 레 미제라블	49 안나 카레니나
10 톰 아저씨의 오두막	20 별 ｜ 마지막 수업	30 작은 아씨들	40 그리스 로마 신화	50 나에겐 꿈이 있습니다 –명연설문 모음

쉬운 영문을 통해 영어 독해에
대한 막연한 두려움을 없앤다

왕초보 기초다지기

실력에 맞게 효과적으로 끊어
읽으며 직독직해 훈련을 한다.

실력 굳히기

영문판 원서 도전을 위한
전 단계의 준비과정이다.

영어의 맛
제대로 느끼기